U0458455

本书受广东海洋大学法政学院和广东海洋大学广东省地方立法研究评估与咨询服务基地资助

何为良法？
法律价值观元理论研究

李锦辉 | 著

上海三联书店

目 录

序言　重新认识法律的价值基础问题

价值问题是所有法律问题的根本。所有法律问题最终的目的都是某种价值目标的实现。古罗马人把法律定义为"关于善良与公正的艺术"；[1] 现代人则认为正义是法律的终极价值；国内方兴未艾的治理理论认为法律是为了实现国家治理，达到良法善治；[2] 某些政教合一的国家或许在宪法中规定法律是为了彰显"神的荣耀"。这些大相径庭的对法律价值目标的理解看上去相去甚远，但这些迥异的论述其实彰显了价值观对于法律制度的基础意义。没有价值观则没有法律。如果正义没有价值，谁还会去追求正义？人们之所以追求正义，是因为承认正义对自己、对人类有价值。同样，国家治理如果没有价值，谁会需要国家治理；"神的荣耀"要是没有价值，谁还需要将其确立为法律的目标。人们只追求有价值的事物。正义之所以被追求，是因为认为正义有价值。虽然人们关于什么是正义的争议看法可能大相径庭，但在正义是有价值并值得争论甚至捍卫的这一价值观前提上其实是统一的，即：都是在

1　［爱尔兰］约翰·莫里斯·凯利：《西方法律思想简史》，王笑红译，法律出版社 2010 年版，第 58 页。

2　俞可平：《论国家治理现代化》，社会科学文献出版社 2014 年版。

承认正义的价值后，才讨论什么是真正的正义。人们争议的是正义的细节，而不会去争议正义有没有价值。

所有的法律都是实现某种价值的技术手段，价值问题才是法律的终极核心问题。关于法律的规则、法律制度等事物的探讨，只不过是在讨论哪种技术手段更有利于实现特定的价值目标。规则是可以选择的，否定了规则不过是否定了一种实现价值的方法，还可以用其他的方法来实现价值目标，但否定了某种价值就等于否定了某种生活意义。维护这种生活意义的规则因为失去了意义也变得毫无意义，捍卫价值观也因此比捍卫规则更重要。因此，规则的正当性及合理性最终都来源于规则可以实现的价值目标。是价值决定了规则的差异和命运。正因为如此，规则的移植和接受要比价值的移植和接受容易得多，在价值目标相同的前提下，规则只是计算在各种条件限定下，如何实现价值目标的最大产出。有了共同的价值目标，规则以及制度之争不过是价值产出量大小及分配之争，只要能够从规则中获得足够的价值份额（表现为权力、权利、利益等事物），并没有多少人会在乎使用的规则是源自普通法系或者大陆法系，是来自罗马法还是中世纪的商人法甚至是社会主义法[1]。国际商事基本规则在全世界畅行无阻和国际贸易术语被普遍接受就是共享自由贸易这一共同价值追求之下的产物。但是，当法律规则涉及不同的价值目标，尤其是涉及被某些群体奉为至尊的价值目标时，价值观的不同就成为规则难以被接受的

---

[1] 当然，各种极端思想会在乎各种形式和手段价值的纯洁性，夸大形式价值和手段价值的重要性。

最大障碍。法学家讨论的法律移植的困难除了各国法律制度的差异之外，更多地来源于各个国家或人类群体价值观的差异。一个以秩序为较高价值追求的东亚国家难以复制欧美国家对犯罪嫌疑人"无微不至"的犯罪嫌疑人权利保护制度，大部分原因可能是在价值观上，以个人自由为最高宗旨的欧美国家的价值观与以社会合作秩序优先的东亚国家的价值观之间发生了冲突。女性权利保护法律制度在中东国家难以推行，并非因为男女平等的法律条文难以复制，这一制度更大的阻力来自传统宗教价值观对平等价值观的敌视和抵触。在传统价值观仍被大多数人信奉的情形下，指望法律规则凭借国家强力突破价值观的抵抗是难以成功的。印度法律明文规定了平等权，但根深蒂固的种姓制度却屡屡让法律规定成为空文，原因就在于平等权法律规范对种姓制度所维护的等级价值观念的冲击。

对于法律规则来说，规则的合法性最终的来源依附于规则所能实现的价值，是价值决定了规则，而不是规则决定了价值。没有价值作为支撑，规则毫无价值。法律总是为了某种"善"（价值）而存在的事物，虽然人们对什么是法律毫无疑义应当追求的"善"（价值）以及为了实现这些"善"（价值）应当存在着什么样的天经地义的自然法规则存在着巨大的争议，但法律始终是与价值相关联的事物是毫无疑义的。自从奥斯丁在19世纪中叶提出法律与道德相分离的实证主义命题以来，法律规则似乎断开了与价值观的联系，法律规则在法律实证主义者看来似乎不再需要价值证明。法律规则本身的合理性不需要价值证明，只需要法律的制定者说法律是法律，于是法律就是法律。虽然法律实证主义者努力地切割法律与各种价值之间的联系，但却在人们为什么要相信"法律的制定者说法律是法律，于是法律就是法律"这一点上功亏一篑。法律实证主义者说人们认可法律的制定者说"法律是法律"是因为习惯（惯习），[1]可是，人们为什么要有这样的习惯（惯习）？难道不是因为这种习惯（惯习）能给人们带来某种"善"，可以帮助人们在现实生活中实现某种价值目标？习惯要是没有价值，又如何可能成为被普遍遵循的习惯？人类近亲不通婚的习惯在全球范围内被基本遵守，难道不是因为这种做法具有足够多的价值？

　　法律实证主义到头来还是摆脱不了价值问题。而在法律实践中，法律实证主义将法律与价值分离更是与现实生活无关的臆想。法律的存在以法律获得某种形式的服从为前提，而法律如果不能帮助人们实现某种价值目标如何获得人们的服从？法律如果全然不与人们的价值目标相符，例如规定不准吃饭或者不准生育，只是以暴力强迫服从这些彻底对抗人类生存不可分离的基本价值又与强盗有何差异？这种时时以暴力威胁才能实施的法律又怎么会有生命力？因此，法律的价值基础仍然是使法律生活成为可能的前提，从重要性来说，形成共同的价值观对法律获得尊重并得以实施比更好的法律规则技术更重要。形成某些价值共识是法治必不可少的前提条件，但应该形成哪些价值共识？如何形成这些价值共识？这些都是法律的价值哲学必须要回答的问题。这意味着在对法律的价值哲学研究方面，法律价值哲学不应当仅仅停留在

1　参见［英］哈特：《法律的概念》，张文显等译，中国大百科全书出版社1996年版。

启蒙时代对法律应当追求的价值的目录列表以及对价值名目的具体说明；[1] 更不应该停留在现行法律规范某个具体价值目标的实现路径上（虽然这二者也很重要），法律价值哲学应当能够回答这两个更基本的价值哲学问题：

1. 什么是好的价值和价值观？在价值纷争的时代，为什么某种价值观就是要比其他的价值观"更好"？价值观决定法律规则的价值，而又是什么决定了价值观的"价值"和优劣？

这个问题的重要性毋庸讳言，如果价值观无法判断优劣则会陷入主观相对主义的泥坑。而相对主义"什么都可以"的结果只能造就纳粹灭绝犹太人政策和联合国人权宣言具有同样价值的荒谬结论。对于中国而言，这一问题更具有现实意义。清末变法以来，百多年来耳熟能详地对待中华传统文化要"取其精华，去其糟粕"的命题能否实现就完全依赖于我们能否以某种价值观为基础判断什么是精华、什么是糟粕。在价值观哲学基础上的混乱和迷糊只会造就一波接一波的打着国学和各种民族文化大旗的跳梁小丑欺世盗名。

同时，这也是中国文化竞争的核心关键。价值观的差异才是文化之间的核心差异，真正的认同和认可总是以价值观的认同为前提的。那么，什么才是有竞争力的价值观？价值观的竞争力如何体现才能够获得更多的文化认同？这些都需要对"好"的价值观有清晰的认识。缺乏对自身文化价值观到底优秀在何处的认知，

1　最典型的这种价值名目例如霍布斯在《利维坦》中阐述的各项自然法则；普芬道夫在《论人与公民在自然法上的责任》中阐述的各项自然法则。洛克的生命、自由和财产是人类成立政府的目的的论述也属于此类。

沉迷于虚幻的孤芳自赏中，只能永远在全球主流价值圈外愤愤不平。

2. 价值观如何树立与传播？观念是行为、生活和制度的最终支配者。[1] 而各种观念之中，一个人拥有和实践什么样的价值观，在很大程度上决定了一个人获得幸福的可能性和难度；而一个社会群体选择的、实践的价值观在很大程度上决定了这个社会群体的命运。正因为价值观对一个人或者一个社会群体的重要性，没有人或者社会群体会随随便便接受并实践一种价值观。改变或者传播一种新的价值观是一件极为困难的事。2015 年中国放开对二胎生育的限制提供了一个试图改变民众价值观的失败案例。在放开二胎生育限制之前，部分专家乐观地估计放开二胎生育可以逆转中国人口出生率不断下滑的趋势，国家也投入了大量的人力物力进行广泛宣传，鼓励民众多生孩子。为了实现政策快速落地，多数省级地方政府还迅速修改了相关地方性立法。然而，国家的鼓励和专家们对人口出生率止跌回升的乐观估计很快就被现实打了脸。民众价值观的改变是显而易见的。几十年快速工业化和城市化的过程在几代人的时间里已经彻底改变了大多数中国人价值观，多子多福的传统价值观已经被最大化提高个人（及其小家庭）生活质量的价值观念取代，拒绝生育更多后代的年轻人所接受的新的带有个人主义色彩的价值观是：现实的个人（及其小家庭）的生活质量的提升比抽象的家族血脉传承甚至国家的发展更重要。不会有多少民众因为墙上刷了几条支持多生孩子的宣传标语就放

---

[1]　赵汀阳：《坏世界研究》，中国人民大学出版社 2009 年版，第 39 页。

弃改革开放几十年来相对富裕的生活造就的新的个人至上的价值观。更有丁克族、不婚族、LGBT 等小众群体将个人自由的价值奉为圭臬，完全拒绝生育。个体价值观的主观因素和客观的社会因素造就的最终的结果就是：全中国人口出生率、结婚率都在下滑，老龄化社会已经到来，深度老龄化社会触手可及。

国家鼓励政策的失败和部分专家对二胎政策改革出生率估算的失误是正在逐渐多元的中国民众的价值观与国家作为整体所追求的价值观冲突的一个小小例证。这场价值冲突的社会影响是深远的。在社会长期后果上，国家试图改变民众生育价值观的失败最终将会在 30 年内导致人类历史上最大规模的老龄化社会以及带来的各种问题将会在中国出现并影响每一个中国人的生活。这足以说明一个社会群体选择的、实践的价值观在很大程度上决定了这个社会群体的命运。"群众利益无小事"是个政治修辞，群众的价值观则永远都是真正的国之大事，因为国家和社会的制度成败在很大程度上取决于民众的价值观的确立或者改变。日本对大和民族纯正血统价值的尊崇基本堵死了日本通过大规模接收移民解决老龄化问题的可能性；而印度的种姓制度使印度很多基于平等价值的现代国家制度的建设基本形同虚设。[1] 如果没有平等、自由等价值观念的确立，以这些价值观念为基础的市场经济体制和法治根本无从建立。

正是因为民众价值观的重要性，国家倡导生育价值观的这次失败给我们提出了一个至关重要的理论问题：中国正在建立一个

1　［新加坡］李光耀：《李光耀观天下》，北京大学出版社 2017 年版。

庞大的社会主义核心价值观体系，如果试图改变民众的生育价值观如此之难，那么其他触及范围更广、更深的社会主义核心价值观，如法治价值观的推广和实践会不会遭受同样的失败？应当怎样去建立和传播价值观？这是被以往的价值哲学理论所忽视的一个关键性问题。这个问题往往被当作社会学或者传播学的内容，而对这个问题的忽视明显地体现了传统价值哲学对价值认同理论的误解：传统的价值传播理论更多地把价值观当作像科学知识一样的信息加以传播，但价值观不仅仅是信息，价值观更是生存和生活的行动指南。价值观更重要的问题是认同问题，价值观必须要经受住有效性的考验并带来足够多的利益才能被接受和认同。因此，更重要的是让信奉某种价值观的人和群体获得足够多的利益，这才是价值观认同的关键。

价值观认知是人类发展认知的重要阶段，只有清醒地认识到自己的价值观的人才是对自己的认知达到新层次的人；只有清晰得能知道自己的价值观优劣的国家和民族才可以说已经成为一个成熟的民族，才有可能走出历史的循环。中国晚清以降的巨变虽然历经曲折，但历经磨难，终究完成了数千年未曾完成的从农业社会价值观向现代社会价值观的巨变，没有再陷入朝代循环的宿命之中。价值观的变迁同样与人类如影随形（二者间的因果关系当然有争论的余地），人类的进步都伴随着价值观的巨大变更：文明时代抛弃了狩猎采集时代绝对平等的价值观；而在工业时代，效率、平等等价值观念与更快节奏的工业生活相得益彰，时间就是金钱，浪费时间等于谋财害命等价值观不断塑造着现代人的生活世界，新的价值观推动人类不断前进。在跟随西方的价值观念行进了 100 多年之后，已经基本完成现代化的中国，更应当在价值观上进行深刻的反思，这种价值观反思的意义正如强世功教授写道：

> "五四"以来，中国的自由主义者一直处于悖论状态之中，一方面不遗余力地主张自由主义，另一方面又不遗余力地否定支撑自由主义的历史文化传统。以至于否定了中国人的生存伦理，把中国人变成了纯粹的无根的欲望主体，自由不等于单纯欲望的满足，而没有任何伦理上的生存意义，这就是今天中国的自由主义话语被经济自由主义话语垄断的原因所在。因此，中国面临的现代性困难不仅在于如何解决人口和资源的矛盾，满足每个自由人的欲望，而且在于符合恢复传统文化，给中国人的生存赋予哲学意义，使中国人的生存具有伦理上的尊严感和自豪感。
>
> 今天，中国是一个经济上生机勃勃而政治文化上茫然失措的国家，中国人的财富每天都在增加而幸福却每刻不断在减少，因为国家缺乏文明的方向，个人缺乏伦理生活的根基。传统文化赋予的伦理基础和生存意义被"五四"以来的反传统摧毁了，共产主义赋予的伦理基础和生存意义再次被后冷战的意识形态所摧毁，而今天除了永无止境的贪婪，我们的生存还能凭信什么。这种生存根基的摧毁每次都是通过对历史以及历史中所确立起来的伦理德性的解构完成的。"五四"以来，我们把中国历史描绘成封建的、专制的、吃人的历史，儒家伦理因此被摧毁，20 世纪 80 年代以来，我们再次用同样

的手法解构我们的共产主义历史及共产主义伦理；相反，我们不断要神话西方的历史，试图把中国的历史纳入到西方的历史中，让中国人在西方历史中获得生存的意义并按照西方人的伦理生活，就像被过继到别人家的孩子，中国人无所适从，过得很不开心，既找不到自己的生存意义，也不知追求怎样的伦理生活，完全丧失主人意识，茫然若失，不知所措，这就是福山强调的"历史终结"的政治意涵。[1]

正如强世功教授所言，中国是一个经济上生机勃勃而政治文化上茫然失措的国家，这种文化上的失落感本质上是价值认同的危机。是价值观迷茫的中国人试图在民主自由等西方价值观构建的现代话语迷宫中找到属于自己的方向，但试图重新举起仁义礼智信的传统文化大旗来解决现代中国的价值认同危机肯定是死路一条。现代中国人的生存的意义和价值不能靠否定西方，正如现代中国人治疗肺结核不能靠放弃抗生素而靠回归"传统"的人血馒头。仁义礼智信、君君臣臣、父父子子是够独特（仔细分析其实也独特不到哪儿去），但拥有独特的价值观并不是中国人生活的最终意义。现代中国人没有义务活成古代中国人，更没有义务活成西方人想象中的"东方人"。古代中华文明在亚洲范围内的广大影响也不是靠象形文字的独特，而是靠古代中华帝国强大的综合实力。而要想在现代世界拥有古代中华帝国的辉煌同样不能指望

1　强世功：《大国崛起与文明复兴："文明持久战"下的台湾问题》，载《开放时代》2005 年第 5 期。

重新举起儒学的大旗，而是靠综合实力。更何况，古人独特的价值观代替不了现代中国人对自由、平等、正义、幸福等价值观的追求，中国古人那些独特的价值观及其实践在 19 世纪中叶以来已经被西方工业现代化国家用现代价值观指导下的工业技术和社会组织技术"教育"过 100 多年，踏踏实实地证明了它们的确撑不起一个强大的现代国家。想想那些主打独特风情的旅游岛国，所谓独特的风俗早就沦落为哄骗游客钱财的舞台表演。太平洋岛国有哪个是富强的现代国家？真正与世隔绝、孑然独立的文化部落不是没有，但这些连生存都需要他人帮助的独特的社会群体那一套适应极小范围环境生存的价值观及其实践有多少可以照搬到一个治理广阔疆域的现代国家？

对于一个致力于实现民族复兴的伟大民族来说，对自身价值观的深入思考更是其实现伟大目标的前提。价值观是人类认知的深层结构，价值观引导着充满竞争的个人和社会群体的实践，没有正确的价值观作为基本准则，个体和群体都只能承受失败的命运。价值观必须足够强悍才能生存，价值观的实践结果只有产生足够好的结果才能被认同。价值观可以想象，但现实是价值观的筛选器，最终能够幸存的价值观都是有强大生命力的价值观。苏格拉底说"没有经过反思的人生是不值得一过的"，有点好为人师的过分乐观，因为并不是所有人都愿意反思自身、反思自身的价值观；但对于民族和国家来说，没有经过谨慎反思的价值观则是危险的，错误的价值观带来的将会是巨大的灾难。我们已经在身边目睹了太多的作出错误的价值选择把国家引向灾难的例子：把美国式的原教旨民主认为是国家首要价值导致的失败，把宗教价值观凌驾于世俗价值观之上的失败，把他国恩赐看作比自身发展更重要的失败……价值观虽然不能解释世界上所有的失败国家的失败，但价值观的错误的确可以在大多数国家由盛转衰或由治到乱的过程中发现。价值观的选择看似任意，其实却是一个国家民族命运盛衰的有可能致命的选择题。找到正确的价值观，找到能够引领人类在未来走向繁荣与富强的价值观和实践方式，是作为一个试图成为能够深刻影响人类命运的国家和民族必须承担的历史使命。

第一章　科学视角下的价值观

第一节　价值观性质的再探讨

一、价值观是一种本能

价值观首先是一种重要的生存工具，甚至可以说是一种生存本能。换言之，只有拥有可以选择正确价值观本能的生物才可能生存。价值观对于生物生存的重要性来源于价值观本身所起的作用。价值观除了判断事物对自身需要的关系之外，还有一个重要作用就是对事物的重要性进行判断和排序，或者说，依据对事物的重要性的评价为事物安排轻重缓急。对事物的重要性的认知（价值认知）与对事物的性质的认知（事实认知或者知识认知）一样对于生物的生存而言是至关重要的。对事物的重要性作出错误的判断带来的危险丝毫不亚于对事物的性质作出的错误判断。如果我们能够放宽视界，不再秉持"人类是上帝的杰作"这种把人类和动物截然分开的带有宗教色彩的观点，而把人类的能力和动物的各种能力看作是生物进化造成的一个连续的谱系，我们就能发现并不是只有人类这种生物才会有对事物重要性的认知，才会有"价值观"。如果我们把"价值观"定义为能够通过行为实现特定目的偏好，那么我们可以在生物（尤其是哺乳动物）身上发现动物同样有能力通过自己的行为实现自己的偏好——绝大多数情况下是自己的生存——这一价值。大量的动物也会有看起来"两害相权取其轻"的"价值观"指导下的"选择"。借助现代科技设备，动物作出"艰难"的价值选择的过程甚至可以栩栩如生地展现在人类面前。雌性北极熊独自养育北极熊幼崽，在觅食困难时期，如果长时间无法猎捕到猎物，北极熊会杀死幼崽以维系自己的生存（可见 BBC 纪录片《家和我》）。在非洲塞伦盖蒂大草原上，每年角马繁殖季节，刚出生的小角马是猎食动物的最佳选择——进化早就教会了猎食动物判断猎物的"价值"。没有快速移动能力的小角马是投入最少、收益最大的选择（虽然猎食动物不懂经济学原理）——而作为被捕食的对象，小角马只有紧跟母角马汇入庞大的角马群才能躲过食肉动物的猎杀。大多数刚出生的小角马出生后马上跟在母角马身后汇入庞大的角马群以保证安全，只有零星小角马出生后一动不动待在原地，猎食动物会迅速地发现这些异常的小角马，并开始向这些发懵的小角马靠近。母角马会试图推挤小角马让它跟上自己。在多次尝试失败后，母角马会在猎食动物到来之前放弃小角马（可见中央电视台纪录片《塞伦盖蒂大草原》）。我们当然不能说动物也会进行跟人一样的价值观判断和思考，但动物能在自身生存和后代生存的两种可能性间"选择"自身生存的行动却足以提醒我们：价值观首先是事关生存的基本生物本能。认识到某种蘑菇没有毒性对于以此种蘑菇为食的动物（包括人）来说是至关重要的，同样，在危机时刻作出的要钱还是要命，为数不多的粮食是要给老人还是青壮年，一个国家是先要吃饱饭还是先要原子弹的价值选择对于个人和群体的生存来说同样是至关重要的。当然，人可以作出更加复杂的价值选择，但在价值观诞生之始，价值观就是一种事关生存价值的认知工具。价值观确实是日常生活实践的产物。[1]

二、作为人类本能的价值观来源

如果价值观是一种事关生存的本能，那么，为什么人类和其他动物需要这种本能，生物为什么都发展出某种可观测的价值观偏好？原因或许在于现实世界的最大限制：资源的有限性。如果人类手中的资源是无穷无尽的，可以满足人类无限的需要，那么就根本不需要价值观这种依据重要性为事物排序的认知手段，因为资源无穷无尽，所有的价值需求都可以得到满足，也就无所谓辨识和区分哪些需求更重要。只有在资源有限，只能满足部分价值需求的条件下，才有必要确定哪一种价值需要更重要，更值得耗费有限的资源去实现这种价值。价值观的关键作用就在于它决定了有限的资源的分配。而资源的错误配置带来的危害后果丝毫不亚于对事物的性质的错误认知带来的危害后果。设想上文中纪录片记录的北极熊母亲如果选择饿死自己，小北极熊由于年幼力弱，缺乏捕猎经验，最后极有可能还是被饿死，而母熊如果吃掉幼崽，则还有可能绝处逢生。只要母熊的生育能力还在，幼崽可以再生，对于动物的行为所展现出的最大"价值追求"——生存

---

1 李德顺、马俊峰：《价值论原理》，陕西人民出版社 2002 年版，第 56 页。

和繁衍来说，什么是正确的价值选择已经被数百万年的演化过程刻进了 DNA。因此，对于任何资源有限的物种的生存来说，价值观是有潜在的正确标准的，即：正确的价值观都是能够充分利用有限资源、最大化某种价值或者满足最重要的价值需求的价值观。

自然资源对价值观的塑造最典型的体现之一是人类自身的感觉和经验的塑造。人类是一种"见怪不怪"的动物。[1] 再新奇的事物，再神奇的经历，经过几次（或者多次）体验之后，人类就对其失去了兴趣。经济学称之为边际效用递减，社会学家说见怪不怪是城市生活的必要习惯。科学家已经对人类这种"见怪不怪"的特征有了深刻的理解并给出了科学的解释：因为大脑是一个能量消耗非常巨大的器官，专门负责收集、汇总来自感觉器官的环境信号，对其进行运算处理后，再向运动器官发出指令，这些行为消耗的能量非常高。而能量消耗事关生死存亡，自然演化的大脑对其使用非常节制。在一个新奇的环境中，如果每天都要注意到新环境的每一个细节，将需要消耗大量能量。为了节约能量，高等动物的大脑善于发现新事物、新环境存在的规律和值得注意的地方，然后根据规律迅速简化对事物的关注。人类大脑同样善于发现环境因素的规律性，并迅速将环境中值得注意的事物规律

1　事实上，所有的动物都是"见怪不怪"的。对环境的反应是生存的必需，警觉和好奇都是必需的对生存环境的反应。但警觉和好奇是需要耗费能量的，出于节省能量的考虑，生物不能保持永无止境的好奇和警觉。当生存威胁解除后，警觉和好奇的状态就迅速消失。研究大猩猩的动物学家珍妮·古道尔为了接近野生大猩猩，永远穿着同样的衣服，在固定的地点出现，大猩猩习惯了她的出现之后才开始逐步接近。这就是利用了生物中普遍存在的边际效用递减效应。

化之后降低对其的关注，甚至将其放到潜意识里不再占用宝贵的注意力。这种机制科学术语称之为重复抑制。[1]重复抑制从价值论的角度来看就是大脑在决定值得关注的价值序列。我们能注意到的事物的价值秩序就这样被数十万年的人类演化所决定。

　　将人类价值观与人类甚至动物的生存本能，与人类的演化联系在一起并不是降低了价值哲学的理论层次，而是试图为研究价值哲学找到真正的切入点。自 19 世纪中叶由德国学者洛采、[2]新康德主义弗莱堡学派的文德尔班、[3]李凯尔特将价值作为一个重要哲学范畴引入现代哲学以来，一般价值论（The theory of value）或"价值学"（Axiology）就诞生了。但价值哲学自从诞生之始，就带着浓浓的德国哲学思辨的味道，纠缠于价值概念的本质，价值的主观性、客观性等思辨性的理论问题，再加上价值观作为道德观念

1　袁越：《人类的终极问题》，生活·读书·新知三联书店 2019 年版，第286 页。

2　文德尔班指出："由于洛采果断地提高价值观的地位，甚至将它置于逻辑学和形而上学（以及伦理学）之顶端，激起了许多对于'价值论'（哲学中一门新基础科学）的种种倡议。"文德尔班：《哲学史教程》（下卷），罗达仁译，商务印书馆 1993 年版，第 927 页。

3　文德尔班认为："哲学只有作为普遍有效的价值的科学才能继续存在。哲学不能再跻身于特殊科学的活动中（心理学现在还属于特殊科学的范围）。哲学既没有雄心根据自己的观点对特殊科学进行再认识，也没编纂的兴趣去修补从特殊学科的普遍成果中得出的最一般的结构。哲学有自己的领域，有自己关于永恒的、本身有效的那些价值问题，那些价值是一切文化职能和一切特殊生活价值的组织原则。但是哲学描述和阐述这些价值只是为了说明它们的有效性。哲学并不把这些价值当作事实而是当作规范来看待。"文德尔班：《哲学史教程》（下卷），罗达仁译，商务印书馆 1993 年版，第 927 页。

的核心与伦理学问题的天然亲和性，传统的道德哲学理论问题与价值哲学本身的问题相互纠缠，更容易遮蔽价值哲学本身应当关注的不同于道德哲学的方面。

而将价值观与人类的生存本能以及社会实践联系在一起则将价值哲学从哲学家的书房拉回到残酷的现实世界。这个残酷的现实世界才是价值观这一事物真正的发源地。也只有在现实世界中，价值观才会需要经受各种竞争，适应进化的巨大压力，才会有正确的价值观和错误的价值观之分。而停留在语言概念和思维中的价值观由于不需要承担任何成本，不需要面临任何的资源稀缺问题，自然可以天马行空地想象任何一种价值观，以至于价值观甚至被某些人误解为"苹果和橘子"无法比较的美学问题。而现实的生活世界才是生物价值观的筛选器，并不是每一种可以想象的价值观经过行为的转换都能经受住现实世界的考验最终流传至今。

因此，价值观应当在历史的、真实的语境中才能被真正地理解。将其理解为一种本能，理解为人类进化的产物是与传统的思辨式、概念式价值观相区别的分水岭。

三、多学科视角下的价值观

1. 价值观理论的二元方法论

对价值观的讨论贯穿了人类文化的始终。在古希腊，在早期探讨自然的哲学流派出现后，苏格拉底把哲学关注的焦点从天上拉回了人世间。苏格拉底以及柏拉图热诚地探讨了人类的各种价值：什么是正义，什么是勇敢，什么是最好的政治制度，等等。亚里士多德则延续了苏格拉底和柏拉图的一贯传统，对于德性伦理学的诸多方面以及诸多的政治哲学命题进行了研究。亚里士多德据说还对什么是法治提出了一个非常著名的判断标准："制定得良好的法律被普遍服从"。[1]中国哲学更是近人事、远鬼神，在与政治相关的各种价值问题上进行了探讨。这种中国式的探讨相比苏格拉底式的抽象价值哲学探讨更具有实践性。如赵武灵王对是否遵从祖先之制，商鞅关于强令分户是否有悖人伦等问题，明显具有更强的实践性。这种以"图强"为价值导向的争论明显不同于古希腊哲学家们对于"正义""勇敢""虔诚"等抽象价值观念的探讨。但是，中外相同的一点则是：在探讨各种具体价值观念及其可能的社会影响时，哲学家们并没有对价值这一观念进行反思。当然，这不能算作是价值观理论先驱们的失误。因为正如要理解人类身体本身甚至需要科学和技术水平发展到一定程度才能进行，[2]古代思想家们对价值观来源的理解囿于古代社会科技条件的限制，无法对价值观进行更深入的理解。因此，古代思想家对价值观念的理解只能局限于具体价值观念的理论思辨。

　　而在理解和论证人类的价值观时，最大的麻烦在于：在观察人的行动时，我们完全可以假定或者相信它们事出有因。但只要我们尚不知晓外在的事实，诸如各种物理和生理变化如何影响

1　学界都以为这句关于法治的名言出自亚里士多德的《政治学》。但《政治学》一书中并没有这一内容。

2　人类对于人体呼吸系统的理解直到16世纪随着水泵的发明才成为可能。人类对于自身活动能量的来源直到现代化学的出现才最终成为可能。参见 George Edgin Pugh: *The Biological Origin of Human Values*. Routledge & Kegan Paul, 1977。

了一个具体行动中的人的价值观，我们就只能改用"目的""目标""追求"等词语描述一个人的行动。仿佛只要进入了人的世界，构成人类生理的物理、化学、生物等法则就不再存在，仿佛人的价值观念就是一个柏拉图可以脱离开人的物质世界束缚的理念世界。这就是理解人类价值观面临着的二元论困境。在人类现行的知识体系中，科学已经以强大的力量、无可辩驳的证明把所有关于灵魂的猜想放逐到了文学家的自留地。但科学并不足以在人类的思维、意识和原子、分子的物理运动之间建立因果联系。因此，在理解与价值观紧密相关的思想、意识等人的内在世界时，我们仍然不得不求助于传统的描述人类精神世界的本能、需要、目的等概念。这两个世界的严重分离往往造成一种人类精神世界完全独立于物质世界的幻象。最典型的对于这种分离的理解莫过于声称："科学可以解释世界，却永远无法解释价值。"或者"科学可以解释物体的运动，但永远无法理解人的行动。"根据这一价值观与物理世界的二分法，对于人类行为及其背后的价值观的理解是科学无法涉足的领地，应该由一种完全不同的方法和手段进行。

从哲学领域的观念发展来看，这种论述可以说是休谟关于价值与事实区分哲学理论的延续。在休谟看来，从事实之间的因果关系跳跃到价值判断是可疑的。休谟其实并不重视自己提出的事实／价值二分难题，在他的论述中，他也只是一笔带过，[1]但这个问

---

1 ［英］休谟：《人性论》(下册)，关文运译，商务印书馆1980年版，第509-510页。

题受到了后来的思想家们的充分重视。休谟只是怀疑传统的教会宣扬的宗教伦理价值观念的合理性，但这一怀疑被后世思想家推到了极端，就成了实然世界和应然世界的对立，最后甚至诞生了凯尔森这样的纯粹法律理论，[1]把法律和道德背后的应然性完全与现实世界划分开来，造就了一种逻辑上完美正确，但无法对现实世界发生任何作用的法律理论。稍微不那么极端的理论则在人类行为的理解上秉持一种马克斯·韦伯的折中立场，认为在理解人类行动时，应当从人的意志、愿望、目标等方面出发，把人当作一个整体来研究。

从人的意志、愿望、目标等方面出发，把人的行为当作一种有目的的行动进行研究的方式在理解人的行为方面产生的效果是令人满意的。这就是所谓的"理解"的方式。正因为有了这种理解的方式，我们才会把一位男性给一位女性送花的行为理解作男性正在向女性表达爱慕之情，而不是用分子生物学和牛顿物理学将这一过程记录为两包碳水化合物通过其突触部分交换开花期月季科植物。事实上，人类对他人价值观的理解也是通过这种方法进行的。对人类行为所体现的价值观的理解仍然无法离开韦伯所说的理解／阐释模型。

但是，与此同时，科学技术的发展，尤其是脑科学技术的发展不断地向人类揭示出大脑产生各种价值观的奥秘，行为经济学在脑科学的帮助下不断揭示出人类行为所体现的价值观并非完全

1　［奥］凯尔森：《法与国家的一般理论》，沈宗灵译，中国大百科全书出版社1996年版。

是书斋里的哲学家们沉思的产物。人类先天的人脑结构和神经连接方式在很大程度上决定了人类价值观和行为的范围和限度。文化人类学家以为的文化只能被理解／阐释，但广泛的普遍相同的人类行为反而在很大程度上揭示了人类相同的生理和心理结构对普遍的价值观有着更加深重的影响。与之相比，文化对个体价值观的影响倒居于其次。

因此，对人类价值观的研究，正如科学正在不断向其他领域渗透一样，现代科学，尤其是脑神经科学也在向这一领域不断渗透，绵延不断地揭示出人类价值观的物质基础，为我们理解人类价值观提供了新的视角。这是本文在研究过程中非常倚重的方法。如果说在以往的关于价值观的研究中，理解／阐释的方法作为主要研究工具的话，本文的研究中，科学研究方法和传统的理解／阐释研究方法至少是齐头并进。这种"两手都要抓"的研究方法对于价值观的研究是非常必要的，缺乏现代科学对价值观（以及价值观体现的道德观）的理解，价值观的研究将仍然停留在人类学家的"深描"阶段，[1] 其方法也无法提供更有启发性的新的见解。而对人类价值观的新理解，只能依靠新的科学发现。

当然，对人类价值观的理解，并不排斥传统的理解／阐释方法。目前人类科学技术的进展还达不到可以在分子层面全面复制人类大脑思考过程的程度，对人类大脑内部价值观的产生过程，科学家们也只是大概有基本的了解，大致弄清楚了掌控价值观判

1　［美］克利福德·格尔茨：《文化的解释》，韩莉译，译林出版社1999年版。

断的大脑区域以及基本过程。在现在的科学技术条件下，还无法从生物学和物理学上对一个人的价值观的产生全过程进行阐述。因此，在个体的价值观上，仍然需要依靠传统的观察和解释方式。

2. 多元的价值观问题需要多元的实践导向研究工具

人类对于价值观问题的理解有多个层次。在个体方面，我们需要了解个体价值观念的生理学基础，了解为什么人类会形成"自然的"价值观，个体在很大程度上由生理基础决定的价值观有哪些，这些问题需要在经济学、脑神经科学的基础上加以研究；而在群体价值观——主要是各种被群体普遍接受的价值观方面，历史学、人类学和社会学的概念和方法对我们理解群体价值观念可以提供必要的方法。而在价值观的群体竞争和生存方面（尽管群体选择这一观念在生物学界仍然遭遇到激烈的反对），演化论与人类历史将会为我们理解人类价值观的演进提供有益的帮助。

人类本能地会去做自己认为最有价值的事情。价值观渗透到个人行为和群体行为之中，与抽象的形而上学思辨不同，价值观是一种真正的实践哲学。每一分钟，甚至每一秒钟，人都在诸种价值之中选择价值最大的事物。价值观就是作出这些选择的最终原因。如果一个人有清晰的价值观，一个人的一生的任务就化简为如何最大化这种价值的过程，这种"经过反思的人生"其实就是对自己的价值观进行过拷问的人生。但价值观的麻烦在于，个体价值观、群体价值观之间以及它们彼此之间存在着各种各样的冲突。一个人的价值观与自身的经验和社会环境等存在着复杂的联系，清晰明白的个人价值观和社会价值观其实并不常见。大多数人对自身的价值观并没有明确的反思，在需要价值观作出明确判断的时候没有明确的价值观作为指导。价值观的混乱反倒是个体和群体生活的常态。对于这种实践中体现的真正的价值观，从多种实践性学科的角度来理解价值问题是必不可少的工具。

第二节　价值观的生物学基础与生物学起源

价值观首先必定是某个生命体的价值观。[1]人类经常从动物的行为中推断其价值观，并且这种推断在很大程度上可以得到经验的证明，例如：鸟为食亡。人类对于其他动物价值观的理解总是伴随着"子非鱼，焉知鱼之乐"的怀疑主义。但随着科学的进展，人类意识到价值观并不需要意识。也就是说，价值观完全可以是一种不需要意识，而凭本能就可以实践的事物。在没有心智和意识的情况下，即便是像单细胞生物这样根本不具备大脑的低等生物也可以明显表现出有明显的价值倾向的行为。这是一项经常被学者——尤其是道德哲学家们所忽略的事实，但价值观和意识的分离对于人类理解价值观的生物学起源非常重要。这一事实可以为人类理解动物行为以及人类的"人同此心，心同此理"提供扎实的科学依据。

我们已经知道所有动物体的构成单位是细胞。单个细胞没有有意识，也不具备大脑中复杂而神秘的思考机制，但它看起来拥

1　此处先不讨论群体价值观是否存在的问题。这个问题在生物学上在一定程度上可以等价于：自然选择是否可以发生在群体尺度上？这在常识看起来不容置疑的问题遭到很多著名生物学家（如理查德·道金斯）的反对。至今在生物学上仍未获得普遍承认。

有一种态度：希望活到基因所规定的寿命长度。这种生存下去的价值观，这种"希望"，以及为了实现这种"希望"所需的所有一切，在每一个细胞身上，都可以通过物理和化学的方法加以实现。细胞周围的生存环境永远在变动，细胞每时每刻都必须关注周围环境变化，调整自身状态，保持自身与周围环境的协调。为了实现这一目标，细胞在微观层次上必须以足够的精准度对内部分子的位置和分布进行重新排列，并改变如微管等子成分的形态。对于威胁或良好的境遇，它们都会作出反应。

从周围的环境获取能量维持自身功能和形态的完整是细胞每时每刻都必须要处理好的问题。这些问题并不会因为细胞组成组织、器官、系统最终成为生命体而消失，只会变得更复杂。每一个生物体的生存都必须在最底层依赖于单个细胞能够完成对以下能量交换问题的挑战：寻找能量源，令其进入体内，将其转换为能量通货三磷酸腺苷（ATP），处理废物，再利用能量重复完成上述活动。为了获得足够的能量，维持生物活性，细胞演化出了令人惊叹的生命管理的技巧。

生命处于一种不稳定的状态，只有当众多内部条件同时满足时，生命才得以维系。以我们的躯体为例，人体内部氧和二氧化碳的含量只能在一个很小的范围内变化，体液的酸碱度（pH 值）也是如此，各种化学分子正是通过体液在细胞之间进行传递的。体温也一样。当我们发烧时，就能敏锐地觉察到温度的变化。在血液循环中，糖类、脂肪和蛋白质这些基本营养物质的含量也波动很小。

当变化超出了狭窄的正常范围时，神经控制中枢会用非常强悍的手段接管感知系统，彻底改变生物的行动价值排序，指引生物行为。在强悍的底层神经中枢控制下，人类要想用理智扭转这种价值排序几乎是不可能的。正常人的胃在排空后收缩，血液中某种营养物质（如血糖浓度）降低。在血糖浓度降低到一定程度时，下丘脑摄食中枢开始分泌信息素，通过体液运输，运送到相关靶器官，与靶器官上的靶细胞结合，再通过神经传导电信号，传到大脑皮层，使人产生饥饿感。人的注意力就会不知不觉地转移到食物上来。许多人就不知不觉地把手伸向了零食。这些难以控制的心理状态和行为意味着生物体自身偏离了维持生命所需的平衡状态，是无意识领域向具备心智和意识的生命所发出的价值观信号，通过暂时改变生物体的价值观的方式，要求生物体用行动来解决平衡问题，因为自动、无意识的机制已经无法处理好这种局面了。

人类维持生命体征的参数变化范围是极其有限的。躯体的几十种成分只能在不大的参数范围内变动才能维持生存。而生命体获取能量源、吸收转换能量物质的各种行为，都是为了让体内内部环境的化学参数保持在适于生存的那个神奇的范围内。这个神奇的范围以及达到这种平衡状态的加工都被称为"内稳态"。

法国生物学家克劳德·贝尔纳（Claude Bernard）于 19 世纪创造了"内环境"（milieu intérieur）这个术语，来形容为了生存持续不断进行奋斗的不为人所见的化学溶液。20 世纪，生理学家沃尔特·坎农（Walter Cannon）在他的创造之上进行了拓展，创造了"内稳态"一词。

内稳态在不存在意识、心智和大脑的有机体中已经悄然出现了，而内稳态机制是一种可以从分子生物学上加以解释的生物化学过程。内稳态起源于生物分子间的物理化学反应。从有机体的角度而言，为了实现内稳态，生物通过细胞中的 DNA 和 RNA 分子不断地制造、毁灭着各种蛋白质和有机物分子。这些建立在基因控制之上的生物化学反应在生物体之内建立起了一个基因网络。**在基因网络水平上，价值观的基础是一种由基因表达的秩序，这种基因表达的秩序能够建造出"实现内稳态"的有机体。**[1]

换而言之，价值观在分子生物学的层次上就是一种通过 DNA 和 RNA 建立起来的信息系统。这一信息系统不断地通过细胞制造的各种物质进行着信息交换，这些信息交换的目标是维持细胞的内稳态。而这些信息交换的结果就是生物体价值观的改变，而这种生物体内价值观序列的改变最终表现为行动。例如，在人的下丘脑中，有控制食欲的神经中枢，分为饱腹中枢和摄食中枢两部分。葡萄糖和游离脂肪酸是刺激这两个中枢的物质。[2] 随着进食过程的继续，葡萄糖含量在血液中持续增加，每一个细胞都获得了足够的葡萄糖提供的能量处于内稳态。细胞开始释放瘦素（Leptin），神经中枢接收到瘦素分子信号，人就产生了饱腹感，不想再吃了。食物的价值就开始下降，获取营养这一行为在生物体的行为价值观序列中就开始降低。而当血液中葡萄糖减少时，机体动员脂肪分解来供应能量，这样血液中的游离脂肪酸增多，刺

1　［法］安东尼奥·达马西奥：《当自我来敲门：构建意识大脑》，李婷燕译，北京联合出版公司 2018 年版，第 40 页。Antonio Damasio: *Self Comes to Mind: Constructing the Conscious Brain*. Vintage Books.

2　邢洋：《为什么肥胖的孩子饿得快？》，载《中国保健营养》1996 年第 2 期。

激摄食中枢，产生饥饿感。[1] 食物的价值开始上升，潜意识可能会指引着手不自觉地伸向食物，而当饿到足够的程度，对食物的渴望开始占据意识，人开始积极寻找食物。生物的价值观就这样被基因紧紧地掌控着，不断起伏。

第三节　无意识价值观体系

生物体要维持内稳态，必须不断地对周围环境作出必要的反应。低等动物也具有在体内及周围环境中感知生理条件变化的能力。向培养皿中的细菌滴入一滴有毒物质后，细菌会紧缩在一起，回避这种威胁。真核细胞也能感知到触碰和震动。从内部或周围环境中感知到的改变，导致它们从一个地方移动到另一个地方。为了有效地对环境作出反应，单细胞生物等同于大脑的部分还形成了一种反应策略，一套极为简单的规则，能够在特定条件满足时根据这种规则来作出"移动的决定"。总之，如果这种简单的生物想成功生存下来并将基因传递到下一代，它们必须能够对内外环境进行感知、拥有一套反应策略，并能够移动。这用事实证明了：价值观的实现可以不需要意识的出现。

为了生存，生物发展出了一套不需要意识的快速的价值评估方式来判断每一事件的价值，是积极的还是消极的，是应该留下还是离开。价值评估是一个在进化过程中逐渐演化为专门化的过程。大部分生物在演化的过程中将价值评估交给了后来逐渐发展起来的神

---

[1]　邢洋：《为什么肥胖的孩子饿得快？》，载《中国保健营养》1996 年第 2 期。

经系统，而神经系统调用了由一系列神经核团组成的基底神经节中已经进化的神经网络，基底神经节位于靠近大脑底部的位置。评估过程可以完全脱离意识进行。[1] 但是，即使有了专门的神经系统对事物和行为的价值进行评价，也并不意味着意识的产生。

　　而人类的大脑则是一种更加复杂的器官，能够处理更加复杂的环境。人类的大脑是动物界神经系统进化的顶峰（目前为止），在人类的大脑中，产生了意识这一更加复杂的产物，可以完成更加复杂的认知、评价等任务。人类对很多事物深思熟虑的价值评估就是大脑意识的产物，但是，即使是在人类身上，对大部分事物和行为的价值评估也是由意识没有注意到的无意识部分处理的。上文所述的几个例子，例如饥饿、寒冷等对外界环境的感知等行为，大多数都在我们的意识之外进行。除了维系基本的生理功能之外，人类的无意识活动可以进行更加复杂的价值判断。例如：在一个实验中，一张印有一便士或者一英镑硬币的图片被作为阈下刺激呈现。被试的任务是握紧手柄，如果他们的握力超过一定的程度，就会赢得金钱。在每个试次开始的时候，图片中会闪烁不同面值的硬币的图像，图片中的硬币说明了奖金的多少。而有些图片闪烁得太快，被试者根本来不及有意识地察觉到。尽管被试者否认意识到了任何硬币的图像，但是，如果可能获得的金额是一英镑而不是一便士的时候，他们会施更大的力来握紧手柄。并且，对于获得一英镑的期望会使被试者的手心出汗。此时，大脑

1　［法］斯坦尼斯拉斯·迪昂：《脑与意识》，章熠译，浙江教育出版社 2018 年版，第 91 页。

的奖赏回路也悄悄地被激活了。因此，一张以无意识的方式呈现的图片可以激活关于动机、情感、奖赏的回路。被试者始终不知道为什么自己的行为在不同的测试中会发生变化，他们不知道自己的动机正在被无意识地操控着。[1]

这个实验的结果是很明确的，那就是我们的大脑掌管着一系列机制的无意识装置。这些装置不断地监控着周围的世界。并赋予其价值，以此来引导我们的注意并塑造我们的想法。无意识，根据当前的目标的相关性进行分类，使外在的刺激转变为我们进行合理决策的标识。只有相关性最高的事件才会吸引我们的注意，得到进入意识的机会，在意识水平之下，无意识的大脑永不停息地进行着价值评估。[2]

艾奥瓦大学的安托万·沙拉设计了一项博弈任务，来研究人们关于概率和数值期望的典型数学直觉。在这个测试中被试者拿到了 4 组卡片，和 2000 美元的贷款，当然是虚拟货币。被试者翻开卡片会换看到一个积极或消极的信息，例如你赚了 100 美元，或者你要支付 100 美元，是可以在 4 组卡片中任意选择尝试着使自己的收益最大化。他们不知道的是其中有 2 组卡片对自己是不利的，这 2 组卡片最初给予较多的金额，但很快就需要支付昂贵的代价，并且从最终的结果来看，选择它们的结果将是净亏损的，而另外 2 组卡片是适中的盈亏交替。从最终的结果来看，抽取这 2 组卡片将获得微小却稳定的收益。最初被试者从 4 组牌中随机

1　［法］斯坦尼斯拉斯·迪昂：《脑与意识》，章熠译，浙江教育出版社 2018 年版，第 91 页。

2　同上，第 92 页。

抽取，但渐渐地他们产生了一种有意识的直觉。以后他们可以很容易地报告出哪组牌是好的、哪组牌是不好的。在实验的过程中，被试者已经有了许多关于这4组牌的印象。但仍然随机地从所有牌中抽取并报告称，没有什么线索提示他们该怎么做时，他们的手开始出汗。因此导致皮肤电传导性有所下降。这个交感神经系统的生理现象，标志着他们已经记录了有风险的扑克牌，并正在产生一个预下的直觉。警戒信号可能产生于腹内侧前额叶皮质中进行的运算。这是专门负责无意识评估的脑区，脑成像显示在不利的尝试中，这个脑区有明显的激活，并且对行为有着预测作用。该脑区受损的患者在无意中选择了不好的扑克牌之前，并没有产生预期的皮肤电传导反应。电传导反应只发生在他们看到了坏的结果时。这说明腹内侧皮质和皮质包含了一系列的评价程序。它们不断地监控着我们的行为，并计算其潜在价值。贝沙拉的研究表明，这些脑区通常在我们的意识知觉之外运作。尽管我们认为自己作出的选择是随机的。但事实上行为可能是由无意识直觉引起的。[1]

　　事件能否由无意识向意识过渡，同样取决于大脑预先设定的价值筛选系统。意识是人类发展出来的高级认知能力，主要是为了解决更加复杂的认知问题。意识资源是极其有限的，只能关注少数几件事情，因此，大部分事件都交给潜意识处理，只有发生的事件可能威胁到生存或其他高优先序列的价值时，事件信息才

1　［法］斯坦尼斯拉斯·迪昂：《脑与意识》，章熠译，浙江教育出版社2018年版，第92页。

会突破潜意识的压制，进入意识。这一过程同样是不受意识控制的。例如，我们会情不自禁地被噪声、闪烁的光以及其他一些意料之外的感官事件所吸引。无论我们如何努力，试图忽略他们，这些事件还是会占据我们的思维，因为这是一种警戒机制，使我们一直警惕潜在的危险。当我们专注于读书或者玩游戏时，完全忽略外界环境将是不安全的。尖叫或自己的名字被呼唤等意料之外的事件，必须被大脑的价值观系统赋予足够高的权重，让它们可以突破无意识的抑制，进入意识之中，借助意识的帮助，对环境和事物进行更深入的价值判断，以防止危险的发生。潜意识在此充当了一种判断事物权重的价值评价机器，而且在意识之外一直决定着哪些信息输入占用大脑的意识资源。无意识始终扮演着价值判断者的角色。

第四节 情感：人类的价值观分类机制

现代科学对价值观的研究，还发现了情感对价值观的影响和作用。情感是协助我们进行决策的机制。人类的情感的演化是自然选择以增加人类的生存概率为目的而出现的。[1] 人类的情感机制反应迅速，往往在一瞬间就作出了决定，并迅速地传达给身体执行，其效率要远远高于理智。进化生物学家经常列举的例子是人类对事物危险性的反应。一旦碰到危险事物，恐惧的情感迅速被

---

1 ［以］埃亚尔·温特：《狡猾的情感：为何愤怒、嫉妒、偏见让我们的决策更理性》，王晓鹏译，中信出版社 2016 年版，第 4 页。

激发，在这一过程中，上丘—丘脑—杏仁核介入了视觉危险信号的处理。[1]而杏仁核是大脑掌控恐惧等情感的主要器官。一旦恐惧的情绪被激发，在恐惧情绪的支配之下，电光火石之间，身体的所有资源都向运动器官集中，身体迸发出巨大的力量，人可以以平常难以想象的速度脱离险境。而在脱离险境的过程中，擦伤、扭伤、局部出血等身体信号统统被大脑忽略。此时的大脑在情绪的支配之下，短时间地建立了一个紧急状态秩序。只关注想关注的信息，忽略不想关注的信息。

恐惧、悲伤和悔恨等情感可定义为自发性情感。与之相对，愤怒、嫉妒、仇恨和共情等情感则是社会性情感。这些情感是互动性的。我们对他人感到愤怒或共情，却对自己参与的行为或局面感到悔恨。诚然，我们会对他人针对我们可能做出的行为感到恐惧，而非他人本身，但没有他人参与，我们也会产生恐惧感。疾病、危险、失败和灾难本身都会引起强烈的恐惧感。

从经济学的"理性人"的角度来说，人类的情感是一种毫无必要的事物。即使没有情感，事情也可以通过理性对事物的分析得到解决，甚至得到完全不同的、更理性的做法。但事实是，情感的存在对人类的生存至关重要。例如，愤怒的情感从经济学的角度来说是不必要的。一个陌生人毫无缘由地打了受害者一耳光，大多数受害者为什么不按照《圣经》的要求"有人打你的左脸，

---

1 Wei et al.（2015）*Processing of visually evoked innate fear by a non-canonical thalamic pathway. Nat. Commun.* 6, 6756.

把右脸也伸过去"？从经济学"理性人"的角度来说，过去的事情属于沉没成本，忘掉过去往前看才是节约自己时间和精力的正确做法。但人类对待这种突如其来的羞辱的第一反应永远是愤怒。这种不计成本的愤怒其实是非常理性的生存策略。因为面对攻击如果不作出强有力的回击，只会招来更多的攻击和掠夺，这才是对个体的生存有致命威胁的事物。因此，愤怒的情感实质上是一种有谋略的自我保护机制。它驱使人类改变对事物——甚至是令自己恐惧的事物——的价值判断，把对引起愤怒原因的人和事进行报复的价值优先级调到最高。在愤怒的支配之下，即使双方实力相差悬殊，个人也会调集全部的资源，怒发冲冠，勇敢地向令自己愤怒的人和事物发动攻击，以期寻求自己期望得到的公正。因此，从演化心理学的角度来看，愤怒的情感是一种会带来优势的生存策略。[1]而愤怒加上人类冷静的理智计算，则构成了一种强大的报复威慑，使得他人不敢随意侵犯他人，从而在一定程度上维系了一个团体内部的和平。

除了愤怒，另一种对于群体生存来说至关重要的情感或许是愤慨。愤怒可以定义为对自身或者与自身有血缘关系的人或事受到的伤害而发生的情感反应。而愤慨则可以定义为对他人遭受到的不公正待遇而作出的情感反应。从经济学的"理性人"的角度来说，这种情感的存在更是不可理喻。他人遭受到的不公正在很大程度上与自己并没有关系，但人类还是发展出了对他人遭遇表

---

1 苏力：《复仇与法律——以〈赵氏孤儿〉为例》，载《法学研究》2005 年第 1 期。

示愤怒的愤慨之情，并在很多情况之下愿意付出自己的时间、精力甚至生命去为他人出头。从生物学个体基因的角度来说，这甚至是违背个体生存至上的价值观的，但这种愤慨却普遍地在人类群体中出现了。这不仅表现在各种见义勇为的英雄壮举之中，也表现在人们看到诸如许霆案、李昌奎案[1]之类明显违背个人的正义直觉的事件的网络围观中。人们对与自己毫无关联的人的命运的关注虽然从个体看似不理性的，因为这种情感及情感激发的行为降低了个体的适存度，但这种情感及行为对于群体的存在是至关重要的。一个每个人都只关心自己和自己的亲属的利益的团体未必不能生存，但在群体和群体的竞争之中，这样的群体会因为缺乏关心公共利益的人而缺乏凝聚力，在残酷的群体竞争中，一个没有凝聚力的群体，或者说，一个只有只顾自己利益的个体的群体将会被淘汰。能够生存至今的群体，都是在一定程度上拥有着足够多的关心超越自身生存的利益的个体的群体。而愤慨就是可以产生这种价值观的情感。正是这种朴素的情感促进了人类小群

---

1 2009 年 5 月 16 日，云南省巧家县茂租乡鹦哥村村民李昌奎将同村的 19 岁女子击昏后强奸，之后将此女子与其 3 岁的弟弟一同杀害，极其凶残。2010 年 7 月 15 日一审判决：因犯故意杀人罪判处其死刑，剥夺政治权利终身，犯强奸罪，判处有期徒刑 5 年。数罪并罚，决定执行死刑，并处剥夺政治权利终身。民事赔偿家属损失 3 万元。2011 年 3 月 4 日，二审结果为故意杀人罪、强奸罪判处李昌奎死刑，缓期二年执行。事件经媒体曝光后引发媒体热议。云南省高院副院长田成友还试图反驳网民的怀疑。最终，2011 年 8 月 22 日，云南省高级人民法院在昭通市开庭，撤销原二审死缓判决，改判李昌奎死刑，剥夺政治权利终身，并依法报请最高人民法院核准。

体的合作，为人类群体面对残酷的自然竞争奠定了基石。

除此之外，人类还有其他的可以调节个人和群体关系的情感。例如羞愧。羞愧、内疚等自我谴责的情感在弗洛伊德的时代被认为与社会观念的内化有关，是"超我"形成的必要环节。演化心理学则从演化的角度指出这种心灵的自我审查机制有助于人类体察自己在社会群体中的地位，通过意识到自己的行为给别人带来的伤害，阻止进一步地破坏与他人的合作。面红耳赤的表情，手足无措的举动，这些难以伪装的表情有助于其他人认识到犯错者愿意真心悔改，从而愿意接纳犯错的成员回归群体。这是人类情感服从于群体合作价值的演化生物学例证。

而对于单独个人的行为影响最大的，莫过于欢乐和痛苦这两种情绪（情感）。进食是生物生存的必须，进食并不需要情感的帮助才能完成。动物都会进食，但只有人类在进食时伴有欢乐的满足感。在求偶时，在与朋友进行攀谈闲聊时，在获得更高的社会地位时，人类的脑神经中枢都会分泌让人感到快乐的激素，进一步巩固这一行为的价值，让人渴望更多地持续这些行为。当然，百万年的缓慢演化造就的人类原始的价值观反应方式不足以抵抗商业社会制造的快乐陷阱，在刷短视频或者玩游戏时，同样的快乐会导致不可遏制地继续进行的冲动，让人类在快乐的放纵中迷失。

而痛苦和恐惧对个体价值观的改变则更显著。痛苦的感觉比快乐的感觉更加持久。得到某种东西的快乐要超过失去的东西两倍才能弥补失去的痛苦。"一朝被蛇咬，十年怕井绳"则表明痛苦产生的情感记忆何等强大。欢乐与痛苦的情感对人的行为操控如此之明显，以至于边沁写道：自然把人类置于两位主公——快乐和痛苦——的主宰之下。[1]边沁的解读是不正确的。快乐和痛苦的情感并不是人类的主宰，伴随着快乐和痛苦的意识才是。而快乐和痛苦不过是人类用来给事物和行为快速贴上的价值标签。而人类使用情感贴价值标签这种行为如此普遍，以至于边沁把标签当作了事物本身。但人类的意志是可以超越快乐和痛苦的情感限制的。一个人可能不喜欢做某件事，但人类的意志却足以让他超越痛苦的情感的限制，完成某件事。因此，情感是一种高级的认知功能，其主要目的就是确认事物和行为的价值，并引用情感强大的引导力，引导人类的价值观，进而引导个人的行为。

对于个人和社会来说，现代科学对情感作为价值指示器的发现或许足以说明：人生而自由，却无往不在自然的价值枷锁之中。

第五节　从科学视角理解价值观的意义

从科学角度来理解价值观可以帮助我们对价值观的起源有清晰的理解。价值观和人类的认知结构一样是数百万年的生物演化造就的产物，用康德的话来说就是先验的。人类并不是经过思考才有了价值观，人类天生就带着固定的价值观来到这个世界上。价值观的形成甚至早于人类认知器官的成熟。在婴儿能够分辨出色彩之前，婴儿已经"知道"了食物和母亲（或者其他照顾者）的重要性。在自我的认识论问题（我是谁？）还没有出现之前，人

1　［英］边沁：《道德与立法原理导论》，时殷弘译，商务印书馆2000年版，第57页。

类个体已经用尽全身力气在实践生存价值哲学（我要喝奶！）。

大自然决定了人类个体大部分的价值观。婴幼儿时期，大部分的生长激素仍在沉睡，食物和游戏是儿童价值世界的核心。青少年时期，在雄性荷尔蒙激素的刺激下，男性开始转变对异性的价值观念。女性的性吸引力开始颠覆男性曾经的儿童价值观。见到异性就兴奋的价值世界或许并非所有男性所希望，但却是大部分男性难以控制的价值行动指南。而女性在短暂的择偶时间压力下，同样会经历择偶的价值观变化，由偏好高颜值、好身材等显示高生育价值的生物学特征转向偏好显示高养育能力的高社会地位的异性。而在生育之后，由荷尔蒙控制价值观的命运落到了女性身上。在催产素的控制下，女性可以从与子女的互动之中让大脑释放更多的多巴胺，获得更大的价值满足感，从而愿意将更多的精力投入与子女的互动之中。孩子在很多情况下取代了很多其他事物，成为了母亲的世界中最有价值的事物。而在人生暮年，在各种内分泌激素的影响消退后，对健康的追求取代了对大多数事物的兴趣，个体价值观重新回归原点——生存价值重新回到了老年人生活世界的中心。在大多数人一生中，人类的身体都参与甚至控制了个体价值观的形成。试图理解人性却把人类的价值观当作只有哲学家才会思考的问题是对人性和人类生活最大的控制力量的误解。

另一方面，与对人类的生物学理解一致，在生物学看来，生物体只不过是DNA用来传递自己的工具，其他生物都无法摆脱DNA的暴政，只有人类除外。同样，其他生物都不可能摆脱生物体本身造就的价值观的束缚，但人类或许是唯一的例外。动物为了繁殖后代一往无前，人类却在工业时代发展出丁克、独身等违反 DNA 分子命令的价值观和行为。这是生物演化的一种悖论，但也是人作为地球上最具统治力的生物的自由的象征。人类生理上遵从自然演化而来的价值观是不会改变的，但人创造了文化，这一事物却可以改变人类与生俱来的价值观。于是，在生物科学和文化的边缘，我们大致可以理解人类价值观问题的界限：人类的价值观问题在很大程度上就是如何在不可改变的生物价值观的基础上利用和部分改变人类价值观的问题。就像人类没有翅膀不能直接飞，但人类可以在理解自身不能飞的原因之后创造出可以帮助人类飞的飞行器。同样，人类来源于生物学的价值观不能改变，但我们可以在理解这些价值观的生物学基础和界限之后，在一定程度上改变这些价值观，进而通过价值观的改变引导行为、文化和世界的改变。在一个人类行为的影响日益增大的星球上，价值观的改变带来的才是真正的翻天覆地的改变。中国高层领导人在 20 世纪 70 年代价值观的改变将会在 2028 年创造一个全新的世界最大的经济体；同样，如果马克斯·韦伯的论证可以成立的话，[1] 可以说，是西欧新教徒价值观的改变把全球几十亿人口拖进了现代世界。而在全球文明冲突重新向价值冲突聚拢的时代，深刻理解人类的价值观，将是掌握人类命运的关键一步。

1　［德］马克斯·韦伯：《新教伦理与资本主义精神》，阎克文译，上海人民出版社 2018 年版。

第二章　探寻元价值

第一节　价值观是什么？

在理解了价值观是大自然留给人类的遗产之后，我们更需要超越生物学的限制去理解人类社会生活中的价值观。因为只有人类可以超越大自然的价值观限制去践行违背人类本能的价值活动，也只有人类能够反思和理解自己的价值观。而理解价值观的第一步，是理解我们在日常生活中使用"价值观"一词，具体指的是什么。

一、价值观的两个方面

价值观一词实际上包含着两个重要的方面。一是对事物能否满足主体需要的判断，也就是我国传统的价值观理论指出的"客体能否满足主体的需要的关系"所进行的判断，也就是当客体满足了主体的需要时，客体对主体而言是有价值的；当客体部分满足了主体的需要时，客体对于主体而言具有部分价值；当客体不能满足主体需要时，客体对于主体是无价值的；而当客体损害了主体的利益时，客体对于主体具有负价值；当客体尚未满足主体

28

的需要，但却具有满足主体需要的可能是客体对主体具有潜在价值，当客体尚未损害主体的利益时，但有可能损害主体时，它对主体具有潜在的危险及潜在的负价值。[1]

这是我国传统价值论研究比较注重的方面，也是一种价值观的基础方面。对事物的价值判断就是对事物与自身需求关系的判断。这种判断的结果是形成某种事物有没有价值的认知。"一个面包有价值""扩展高等教育范围很好""法治是有价值的""不管白猫黑猫，抓住老鼠就是好猫"都是这一类型的价值判断。我们可以把这种价值认知活动称为"价值判定"。[2]

这一类型的价值认知体现了价值认知的基本特点：主观性。此类判断是以作出判断的主体的价值需求为导向的，因此有明显的主观性。对于个体来说，一杯水现在是否具有价值，是以判断者当下的价值需求为标准的；而扩展高等教育范围是否具有价值，是以该群体当下对高等教育的需求为标准的。这些千变万化的价值判断对应着随时变换的价值需求，体现出价值观主观性的特征。

而在日常生活中，我们不仅仅对单个物体或者事件进行价值判定，我们也在对事物之间的价值进行比较，然后根据事物价值的重要性来决定事物或者行为。例如，在身体不舒服的情况下，

1　冯平：《评价论》，东方出版社 1997 年版，第 35 页。

2　以往价值论哲学并没有在事物的是否有价值以及有多大的价值两方面作出区分，大部分价值哲学理论都把这二者称为价值判断，为了作出区分，本书把对事物是否有价值的价值判断成为"价值判定"，而把事物价值因比较而产生的重要性排序称为价值排序，二者都属于价值判断或者价值评价，都是价值观。

放弃体育锻炼；或者为了拿到全勤奖，身体不舒服也要坚持上班。这就是在两件事物之间决定哪件更重要、更"值得"。这种在价值之间的比较同样也是价值观的一种，在很大程度上还是更加重要的一种价值观判断。这一类型的价值认知同样体现了价值认知的主观性。但其主观性体现在针对的对象是两个以上的价值判断，而不是事物。从逻辑上来说，这是更高层次的价值判断。

因此，价值观不仅仅是对事物满足自身需要的性质判定，更为重要的是：价值观是要对各种价值需要的重要性进行排序。这其实才是价值观比较独特的核心内容。对事物价值对于个体或者群体的重要性评估，实际上就是对两种以上价值进行比较和排序。这种以重要性为标准进行的比较和排序所形成的观念也是价值观。这种比较的结果是形成一种价值秩序。如"法治比人治好""自由比法治更重要""不孝有三，无后为大""宁可不吃饭也要把这活干完""宁为鸡口，毋为牛后"等排序判断表述的就是这种价值观。我们可以把这种价值观称为"价值排序"。价值观这一概念的模糊之处在很大程度上就来源于对价值观包含的这两个方面或者说两个维度的混淆或者忽略。这也是被以往的价值哲学理论忽视的一个重要理论环节。

就价值观对人的行为和实践的影响而言，这种价值重要性比较或者说价值排序甚至比某个事物是否具有价值的价值判断更重要。知道多生孩子是件好事并不难，这是对生孩子这件事的价值判断，但生孩子带来的价值满足（生育价值）和养孩子需要承担的价值损失问题（维持较高生活质量的价值）哪个更重要（更有价值）？这是开始在不同的价值之间进行比较和排序。在这个价值重要性问题的判断上，个人基于自我利益而接受的价值排序（或者说价值观）就有可能与国家或社会宣扬的价值排序（或者说价值观）产生差异。即使行为人已经接受了"生孩子对自己和对国家都是件好事"这一价值，这一价值也因为排序靠后——或者说：在价值排序上被认为不重要——而被放弃。最终，推动行为人行动的是个体或者群体对事物重要性的价值排序判断。

因此，一种价值观实际上包含着两个方面的内容：

1. 对事物是否有价值的价值判断，可称之为价值判定。

2. 对某种价值与其他价值相比较时，哪种价值更重要的比较判断，可称之为价值排序。

这种价值排序同样属于价值观。与对事物的价值属性判定不同的是，这种判断是在不同的价值之间进行比较，并根据这种比较的结果对事物的优先性或者说重要性进行排序。我们可以把这种对各种价值进行排序产生的判断称为价值排序。价值排序是对事物价值属性认知和自身价值需求的进一步深化，是试图把各种价值需求整合成为一个有序的整体。

价值观 {
价值判定（某一事物、行为是否有价值？）

价值排序（某一事物、行为相对于其他事物、行为有多大价值？）
}

二、价值观冲突与价值排序

把价值观分解成为对事物的价值判定和对价值排序之后，我们就可以更准确地理解所谓的价值观冲突指的是什么。价值观的冲突在价值观的两个层面都可能发生。在对事物的价值判定发生冲突时，很可能显示的是冲突双方在利益、知识水平、心智状态等现实状况方面的差异导致了对同一事物的不同价值判断。这种价值评价的差异有一部分是可以相互理解甚至消除冲突的。例如：一位酒足饭饱的食客只是想润润喉咙时对一杯水的价值判断和一位在沙漠中将要渴死的人对一杯水的价值判断看起来有天壤之别，但不过是二者所处的状态的差异。将双方任何其中之一的处境调换到对方的处境，则这种对同一事物出现不同价值评价的可能就大幅降低。但是，麻烦也在于，有些位置或者处境是无法调换的，这就意味着处在无法转换视角的场合，价值观的冲突很有可能是无法解决的。犹太教徒和伊斯兰教徒恐怕永远不想站到对方的宗教的角度去对自己的宗教进行判断，这种价值观的差异恐怕永无和解之日。

价值观冲突的另一个麻烦在于价值观涉及的第二方面：价值排序之间的冲突，即价值排序系统之间的冲突。在很多情况下，我们所说的价值冲突指的是两种价值排序系统之间的冲突。事业至上的子女与传统观念的父母之间关于婚姻价值观的冲突并不在于双方对婚姻这一事物的价值判定出现了差异，双方其实都认为"婚姻是很重要的"。问题在于，在父母子女各自的价值观系统中，婚姻这一事物所处的顺序的差异。父母认为婚姻是人生中最重要的大事，具有非常高的价值优先性，可以牺牲事业、个人兴趣爱好等排序在后的事物去尽早尽快完成；而子女可能同样认为婚姻很重要，但在子女的个人价值体系中，事业、个人兴趣爱好等事物的价值并不低于婚姻，甚至应当具有超越婚姻的优先性，为了婚姻而去牺牲事业是不理性的。造成这两种价值观冲突的真正原因不在于一方对婚姻的价值认知与对方大相径庭，而在于对婚姻在个人价值系统中的优先地位的差异。否认对方价值系统就是否认了对方的价值世界，而价值世界被否定意味着被否定了自己的意义世界。没有意义的世界生活还有什么意义？于是被否认者只好以死相拼，这也是造成价值观斗争远比其他斗争更加残酷惨烈的原因之一。

价值观冲突更多的是价值观排序体系的冲突这一事实同样适用于群体之间的价值冲突。1840年鸦片战争以来，西方文明对中国最大的冲击并不在于其坚船利炮，而在于当时西方强大的武装力量后面完全迥异于中国的价值观体系以及这种价值观体系具有的对中国传统价值观和建基于其上的政治秩序的颠覆的可能。对于中国的传统统治阶层来说，接受西洋武器并不难，或者说，作出"西洋武器就是先进，就是好"的价值判定并不难，开展向西方学习制造现代武器也没有遭受多大的阻力。洋务运动不过是这种试图对西方文明"吃葡萄只吃葡萄皮"的价值观的体现。对于传统的士大夫阶层来说，难的是接受西方物质文明后面的自由、民主、科学等价值观念体系。最麻烦的是，这个价值观念体系中，平等这一价值观念竟然具有如此优先的价值排序，这对于以不平等的等级差异观念为基础的传统中国社会造成了巨大的冲击。因此，现代中国的历史从价值观念的变化来看就是一段首先接受西方物质文明价值，拒斥西方现代价值观体系（中学为体，西学为用）；直到传统社会彻底崩溃，新的社会最终完全接受了平等、自由、民主等西方现代价值观体系，融入现代世界的过程。"三千年未有之大变局"引起的冲突，是中西方价值观体系的冲突，是西方价值观念体系对传统中国传统价值体系的否定造成的价值怀疑（"师夷长技以制夷"）、价值反叛（新文化运动）和价值革命（四个自信）的过程。

价值观冲突更多地来源于价值排序的差异这一事实向我们提示了价值观冲突主要不在于对单个事物价值判断的差异，而在于价值系统造成的整体差异，尤其是终极优先价值造成的差异，价值观体系终极价值相互冲突的个人和群体实际上是不可能有价值共识的。我们渴望包容，但包容是有界限的。这是价值哲学理论和现实世界必须要面对的事实。

第二节　价值观如何区分好坏：
餐桌哲学与价值主观主义

价值观的差异首先来自事物对自身需要满足的差异，也有可能来自价值重要性排序造成的价值体系的差异。也许正是因为个人和社会群体的价值观看上去千奇百怪，给人造成的假象是：价值观是主观的，没有可比性和可通约性。因此价值观就像个人口味问题一样，并没有什么标准可言，就像苹果和桔子或者三明治和油条没有哪一个更好的问题，让个体自己选择就好。

这种把价值哲学问题化为餐桌上个人任意选择的方法是典型的价值主观主义，看起来尊重了每一个人的价值选择，但实际上是使每一种选择都失去了意义。这种餐桌多元价值论哲学是非常令人怀疑的。因为这种餐桌价值论实际上是用小问题掩盖了价值哲学要解决的真正的大问题。如果端上餐桌的是一块花岗岩和一块石英岩，哪一块会更好吃一点？答案肯定是一个价值共识：都不好吃。同样的，当人们认为苹果和桔子都同样好时，选择哪个都无所谓时，这种"多元"观点背后其实蕴含的是两个价值共识：1. 苹果和桔子都有价值（对事物都有价值的判断）；2. 你的选择和我的选择同样有价值（平等价值共识）。在存在两个价值共识的地方只出现了一个价值争议："哪个更好？"这个争议是否应该属于美学范畴还是个问题，但价值相对主义却只看到那个价值争议，并以为那个争议是更重要的问题。这种观察是有偏颇的。在一定程度上，所谓的价值相对主义不过是夸大了的美学问题。

　　餐桌多元价值论真正的危害在于这种价值观念背后实际上是价值相对主义。而价值相对主义对于任何政治、法律体系的合法性来说都是致命的。如果所有价值观念都具有同样价值，那就无法证明为什么中国男女平等的法律体现的平等价值就是要比中国古代的男尊女卑价值观"先进"；也无法说明为什么社会主义核心价值观念而不是藏传佛教的价值观应该成为现代中国的核心价值观。事实上，餐桌价值哲学背后的价值相对主义将导致根本就没有"先进文化"和"落后文化"可言。因为文化的核心就是一整套的价值观以及建立在这一套价值观基础之上的制度。如果价值观没有优劣之分，那么文化也没有优劣之别。既然所有文化都有同样的价值，都有同样的合法性，那么非洲某些地方猎捕、肢解白化病人治疗疾病的风俗习惯就应该得到尊重，某些宗教拒绝让女性接受基本教育也就是天经地义。当然，从餐桌多元价值论证明同性恋、丁克族的价值观的合法性就容易许多。但这种"虽然我奇葩，但我不比你差！"的论证真的可以论证所有的价值观都无法比较，都是一样的吗？

反对价值相对论需要我们跳出那张餐桌，找到比餐桌上的苹果还是桔子的选择更为重要的问题。假设两个人没有食物，那么是先找到食物更重要，还是争论苹果还是桔子哪个更有价值更重要？答案是不言而喻的：假如根本就没有可能上餐桌吃饭，讨论吃苹果或者桔子有什么"价值"？肯定是先找到食物更重要，或者说这件事情更有"价值"。而在这件事情的重要性上，人们基本不会存在价值分歧。而且这个价值共识要比苹果好吃还是桔子好吃的价值共识稳固得多，因为只有在有食物可以选择这一事实基础上才有可能讨论哪种食物好吃或者怎样处理食物好吃的问题。获得食物这一事实是选择食物价值的基础，价值观产生的事实基础是无法回避的。

虽然从"食物比口味更重要"这个前提出发，绝大多数人都会承认食物的重要性要超过口味的重要性。但作为一种哲学思辨，必须要考虑到所有的可能。假如有人就是认为口味就是比食物更重要又如何？

这个问题并不是无聊的抬杠，而是价值主观主义贯彻到底的必然。既然一切都以价值观都是主观的，为什么不能有偏好口味大于偏好食物的价值观。"廉者不受嗟来之食"就是认可人的尊严比食物更重要的价值观。在口味和食物之间判断出食物比口味更重要很容易，但在食物和自由之间呢？自由和尊严之间呢？"不自由，毋宁死"不就是把其他价值观放置于生存价值观之上的价值观。既然在生存这种看起来无可辩驳的价值观都有可能被放弃，我们还能不能找到可以评判价值观的共同基础？

第三节　硬核哲学的登场：价值观是经得住淘汰的

　　理论世界中的餐桌价值哲学之争往往忽略掉的一个关键问题是：价值世界并不是只有温文尔雅的理论争论。现实的价值世界充满了剧烈甚至血腥的价值冲突、价值竞争乃至价值斗争。我们太过于习惯把某些价值观的共存作为价值世界的常态（例如效率与公平之类的价值争论），总是习惯于在各种可以共存的价值中间寻找"平衡点"。这固然是价值世界的一种形态，但这并不是现实价值世界的全部。价值世界还有冲突、对抗、不可妥协的另一面。对个体而言，最深层次的价值观就往往是不可妥协的。价值观不仅仅涉及现实利益，现实利益可以妥协，而最深层次的价值观涉及的却是自己生活的意义，价值观的妥协和退让实际上是让自己的生活失去了意义。[1] 所以，某些价值是无法妥协的。最终结果只能是某种价值取得压倒性胜利或者被否定。个人理性地选择独身甚至自杀就是这种无法妥协的价值冲突在个体身上的体现。

　　而对群体而言，某些价值观之间的竞争同样是你死我活的拼杀，没有妥协和共存的可能。例如：尘世间的社会不会容忍极端宗教对尘世生活意义加以彻底否定并赋予摧毁尘世世界行动以价值的价值观。正常人类社会可以容纳否认尘世生活意义、消极厌世的虚无主义（如佛教），但绝不能容忍彻底否认现实世界并以毁

1　赵汀阳：《坏世界研究》，中国人民大学出版社 2009 年版，第 351 页。

灭现实世界为价值追求的价值观（如宗教极端主义）。任何群体想要存继，就必须否定和对抗这种自我毁灭的价值观。价值观的自由在现实生活中是有限度的。自由主义的宽容也是有价值限度的：对于不宽容者，只有不宽容。[1]第二次世界大战后，以色列政府费尽千辛万苦跨国追捕屠杀了数百万犹太人的纳粹屠夫艾奇曼并处以绞刑，法官在对艾奇曼判决中宣告："你不愿意与我们分享世界，我们也不愿意与你分享世界。"这是对纳粹价值观的彻底否定。纳粹和犹太人对立的价值观根本没有妥协的可能。人类社会群体不会无条件地尊重每一种价值观。在群体的安全面前，个人乖张怪异的价值观并不是无条件的：不会有国家尊重恐怖分子消灭一切异教徒让天使重新降临的价值观。价值观的冲突（包括价值观的竞争和斗争）是价值世界的一个无法否认的事实。

另一个与价值冲突一样无法否认的关于价值的事实是：尽管价值多元是事实，但古往今来的人类群体在某些基本价值上有着广泛的共识同样是事实。所有能生存至今的社会群体都偏好生存（为此可以容忍自由受到限制）、和平（至少在团体内部）、安全、繁荣、公正（为此价值的实现甚至可以容忍一定程度的暴力）等基本价值。人类在历史实践中逐渐发展和认可的共同价值要比理论家在逻辑的可能性上想象得要多。在法律应当保证个体和群体的生存，实现社会秩序等多项价值目标方面，汉谟拉比法典和当今美国宪法并没有什么实质性的区别。某些价值观念跨越历史的

1　［德］拉德布鲁赫：《社会主义文化论》，米健译，法律出版社版 2006 年
　　版，第 141 页。

持续性显示了这些价值观念具有强大的生命力。这些价值观念是人类历史上漫长的价值冲突和竞争后的幸存者。

从人类个体的价值观角度来看，人和人在基本生理反应方面的差异就更小了。本书前述章节描述的人类的基本价值观都是相似的。贪财好色、虚荣善嫉、搬弄是非、恻隐之心、三人成虎、五步之怒等都是人类在群体生活中进化而来的价值观倾向。这些价值观都是人类在进化过程中为了适应在群体中的生活而发展起来的价值偏好。进化心理学家则更进一步用各种实验证明了人类的普遍价值观。例如，作为一种杂食动物，不仅食用植物，而且还以许多动物为食。在漫长的稀疏大草原生活中，人类较为明显的适应包括：对富含卡路里的食物的偏好（现代人容易发胖的原因）；拥有特定的机制来让我们避免摄入有毒的东西——比如普通人对粪便的厌恶，孕妇在特定时期对肉类的排斥等反应。[1] 进化心理学的解释是：拥有这些适应（adaptations）的优势在于：让我们的祖先有更大的生存优势。从本质上来说，进化心理学的适应就是一种大自然强加给人的价值观：在有选择的时候，选择最能帮助生存和繁衍的事物。而情感就是帮助我们作出这些价值判断的有力帮手。可以设想：人类的祖先的口味同样可以是百花齐放的，有些人偏好正常的食物，有些人有异食癖——喜欢吃石头、树皮之类。价值观可以由着性子来，但人类身体的营养需求就摆在那，达不到一定的程度，女性就无法发育和生育，而偏好营养

---

1 ［美］D.M. 巴斯：《进化心理学》第二版，熊哲宏、张勇、宴倩译，华东师范大学出版社 2007 年版，第 118 页。

价值偏低的异食癖个人或者群体就有可能生育更少的孩子甚至无法生育。最后，这些拥有独特的价值偏好的人只能消失在历史之中。最后剩下的就是我们这些来自同一祖先，拥有大致相同的基本价值偏好的智人。而我们智人能存活至今，除了运气之外，我们经过自然选择之后与自然环境相适应的价值观也是原因之一。价值观可以辩论（批判），但价值观的辩论基本无法改变价值观，只有自然选择的武器进行的批判可以。这就是价值论中的"批判的武器无法替代武器的批判"。能活下来的价值观都是经过武器的批判的价值观。

如果把价值观念冲突的普遍性和某些价值观念跨越历史的普遍性这一事实结合起来看，我们就有了一种与静态的、反思式的价值论证模式不一样的价值论证和思考方式。这一模式强调的两个方面——价值竞争（包括冲突或者斗争）和价值观的历史性、普遍性——都与达尔文的生物进化理论有相似的地方。达尔文认为：在一个群体中，个体之间存在着生存斗争。那些在生存斗争中有益于生存的性状将获得更多的存活和生殖的机会。代复一代，"有益的"性状将被保留，"无益的"性状将被淘汰。[1]

如果用进化论的视角来看待人类的价值观念，我们便可以发现人类价值观念的竞争与演化的过程和生物竞争与进化过程拥有非常相似的过程和特征。用生物竞争与进化的概念来衡量人类价值观的普遍性与多样性有相当的说服力。进化论视角下的价值竞争与进化理论可以较为令人信服地说明为什么相对主义的多元价

1　吴相钰：《普通生物学》（第二版），高等教育出版社 2005 年版，第 313 页。

值观无法成立，为什么所有人类群体中都可以发现某些相同的价值观，而在现代社会以平等和自由为导向价值（但不是基础价值）的多元价值观会在全球获得越来越多的赞同。除此之外，进化论视角下的价值理论还可以获得生物学和众多历史事实的证明，也是我们发现元价值的重要方法。

第四节　元价值：生存与合作

一、元价值的标准

元价值是价值形成的始源性价值，是价值的始源性关系评判和目的意向。在现实中，人们对某一价值的确认或评判总是以其他一些元价值来进行的，人们对某一价值的追求与实现更是以诸多元价值为认知基础的。[1]一种价值要成为元价值、具有评判其他价值的能力就必须具有超越其他一般价值的重要性和普遍性。

首先，从价值发生的理论逻辑来说，其他价值都必须要以元价值的存在和实现为前提，而元价值的存在则不需要以其他价值的存在和实现为前提。从这一标准来判断，诸如自由、效率、平等等价值虽然受到现代社会的偏爱，但这些价值并不互为前提。自由并不是效率的前提（虽然从长远看最终自由最有助于实现效率），平等一般情况下也并不是自由存在或者消亡的原因，从逻辑上来说，这些备受启蒙思想家和现代社会宠爱的价值并没有很多

1　杨亮才、黎玲：《论风险社会之元价值》，载《南华大学学报（社会科学版）》2008 年第 2 期。

人想象中那么重要。因此，自由、平等等价值并不是元价值。相反，无论是个体或者群体的自由、平等都必须以个体或群体的生存为前提。放弃生存价值追求的个体和群体等于放弃了对自由、平等价值的追求，或者说，否认了生存价值，自由、平等等价值将毫无意义。这就证明了生存价值对于自由平等等价值的决定性作用。同理，为了形成合作关系，尊重合作方（不一定尊重所有的人，但至少要尊重足以形成优势政治联盟的合作者）的基本价值需求是形成合作的基本前提，这一合作条件就已经蕴含了将对方视为平等的可能性，这证明了在逻辑上合作这一价值是优先于平等的。而为了形成群体合作，个体的自由必须受到严格的限制，这又从逻辑上先在地证明了合作价值对于个人自由价值的优先性。甚至和平和最低限度的秩序只不过是最低限度的合作的结果——遵守某些如果不遵守将会破坏社会合作的社会规则的结果，这同样是合作在逻辑上优先于和平和秩序的证明。从这个理论标准判断可以看出，生存价值具有无可争议的优先性，甚至合作也必须要以生存为基础。但在生存价值实现的具体现实中，人类只有合作才能生存，合作是人类生存的必然形式，没有合作就没有个体和群体的生存。生存与合作可以说是一个硬币的两面。因此，合作也具有元价值的地位。

其次，从社会实践来看，元价值应当在现实世界中具有相当的普遍性。这意味着，这种价值具有超越一般价值的广泛性和持久性。这种价值不是短时间的存在，而应当是在相当长的历史时间内存在；这种价值也不是小范围的存在，而是被人类大规模地接受并加以实践。换言之，我们应当可以从古往今来的各种形态的社会中发现其踪迹。依据这一标准，自由、平等等价值同样不能通过这一标准的检测。人类虽然在长达数十万年的旧石器时代维持着人人平等的社会关系，但阶级社会的出现使平等价值暂时偃旗息鼓，而西方式的个人自由价值恐怕不能与采集狩猎部落的个人自由相等同。现代式的个人自由是现代世界的价值发明。平等和现代式的自由等价值虽然令人向往，但不足以跨越漫长的人类历史成为绝大多数社会群体和绝大多数历史时期人类共同认可的"更重要"的价值。而人类所有的历史记载和人类学发现都证明了人类都是以群体合作的方式存在，用各种形式的合作来解决现实生活问题，实现各种价值追求。共同狩猎是一种合作；共同参与军事行动消灭其他部落是一种合作。婚姻也是两性之间甚至是部落之间、国家之间的一种合作。财产是所有权人和其他非所有权人的合作的结果。和平则是所有人尊重他人基本权利的合作，惩罚是对不合作者的制裁。婚姻、财产和惩罚这些本质上是合作方式的制度在人类历史上和世界各地的普遍性足以说明合作价值超越其他价值的重要性。可以说，人类的历史在某种程度上就是一部人类合作方式的演化史。法律和法治的出现规范了人类的合作，使之更有效率。从人类各种制度或明或暗都促进了或者阻碍了合作这个角度来说，人类群体之间的竞争本质是合作效率之间的竞争，再加上没有合作就没有生存，因此，合作之重要性远超其他价值，足以称之为元价值。

二、元价值观与进化

进化论视角下的价值理论承认人类价值观念的无限可能性。

这是与价值多元的事实相符的。直到今天，人类社会仍然在不断地产生各种反人类、反社会的极端价值观念就是价值多元性的一个极端例证。但价值观在理论上的无限可能性并不会全部转化为现实可能性。生物进化是一个残酷的过程，现在地球上大约有4000万个植物和动物物种，而在此前的不同时期曾经有50亿到400亿个物种。也就是说，只有千分之一的物种存活了下来，而99.9%的物种都灭绝了。[1]能生存至今的物种都具有共同的特征：适应竞争性的生存环境并形成了某种"普遍性"，就像流线型的形体最终成为水中生活的鱼类和哺乳动物的普遍形态。同样，在现实世界中展开的价值观必定要受到现实世界各种条件的约束，绝大多数难以适应现实世界的价值观都会消失，而存留下的价值观想要延续下去就必须面对现实世界两个最基本的事实限制：第一，人类要依靠群体生存；第二，人类要面临其他价值群体的竞争。这两个重要条件淘汰了无数缺乏生命力的价值观，限制了价值秩序现实可能性，并使现实世界的价值观呈现某种普遍性。

在这种进化论视角下，生存和合作两种价值脱颖而出，可以称这两种价值为元价值。之所以将这两种价值而不是将自由、平等等价值列为元价值，原因首先在于这两种价值在理论上来说是其他价值存在的基础，而且这两种价值在人类历史上广泛存在，是真正意义上跨越古今的"基础性和普遍性价值"。这两种价值在历史各个时期和不同地域的制度表现形态可能千差万别，但价值

---

1 ［美］斯塔夫里阿诺斯：《全球通史》，《前言·致读者》，北京大学出版社2009年版，第3页。

核心是相同的。这两种价值超越历史和文化的特征为它们成为超越普通价值的元价值提供了有力的证明。

生存毫无疑问是所有其他价值的物理学基础；没有生存，其他所有价值都无从实现。这对于世界上绝大多数人都是不言自明的真理。价值从来就是内在于人的生存，人的生存状态或生存方式本身，造就了人的价值，从这点来说生存即是价值。[1] 在理论上当然可能存在以追求自我毁灭、追求死亡为终极价值的可能性。并且从理论上，因为价值无法证明价值，我们不可能证明赖活就一定好过好死，生存的价值高于自我毁灭。但这种理论上的可能性在进化的现实面前被排除了。如果某一群体成功地实现了自身如此独特的最高价值追求，这一群体已经消失了。于是，剩下的人类群体都是有着顽强的生存意志的群体。生存的价值对于剩下的存在者已经无需证明，这一价值就变成了自然法学家不言自明的"真理"或"事实"（尽管其实质仍然是一种价值观）。从历史和现实来看，事实也是如此。人类现存的各种社会群体，无论发展到什么程度，对群体生存和个体生命价值的维护都是社会群体存在和发展的基本准则。古往今来世界各国法律在杀人偿命（赔偿）这一制度上高度一致不是全球人类理性反思的结果，而是历史在进化中自然选择的强大力量对群体基本价值观提出的基本要求得以实现的结果。

在生存这一"无需证明"（实际上是抽象反思无法找到更高的

1　唐桂丽：《生存论意义上的价值》，载《湖北大学学报（哲学社会科学版）》2007 年第 1 期。

价值证明）的至高价值面前，价值竞争和价值的无可妥协展现得淋漓。各个国家的法律都赋予了国家安全（实质就是群体安全）以更高的优先性，在国家安全面前，个人的自由普遍受到更严格的限制。在极端宗教分子试图毁灭世俗社会的极端价值观面前，全球有能力的国家超越各种意识形态的纷争开展了消灭宗教极端分子的军事行动。与生存这一无比重要的元价值相比，意识形态的纷争涉及的次级价值争论显得不那么重要了。

同样，人是合作的动物。没有合作，就没有人类社会的存在和发展，也就没有个体或群体的生存和发展。在人类实践活动中，当个体或群体依靠自身的力量达不到一定目标时，就需相互配合协调，共同采取行动，从而形成合作。[1]可以说，合作是群体长期生存和面临其他群体竞争条件下继续生存的必要且充分的条件，因此，合作就获得了优先于其他价值的地位。合作甚至可以说是优先于正义的范畴。这一判断可能和某些法学家的想象相左，但事实就是如此。没有合作，就只剩下暴力和对抗，也就无所谓正义。"社会是一种为了共同利益合作的事业"，[2]罗尔斯的这个论断不经意地宣示了正义不过是分配由合作产生的利益之划分方式，因而合作是在逻辑上先于正义的价值。

在实践中，合作的价值更是贯穿了古往今来人类社会所有的群体。合作的优先性也得到了历史事实的支持。人类学家和历史

1　谈曼延：《关于竞争与合作关系的哲学思考》，载《广东社会科学》2000年第4期。

2　［美］约翰·罗尔斯：《正义论》（修订版），何怀宏、何包钢、廖申白译，中国社会科学出版社2009年版，第4页。

学家发现人类甚至在旧石器时代就已经发展出跨越数千公里的合作贸易网络。跨越部落的贸易合作很有可能是人类在数万年前就可以从非洲东南角迅速扩展到全球各大洲的基础。[1] 而为了形成合作就必须对抗人类自利本能导致的搭便车等破坏团体团结的行为。而进化早就为人类合作准备好了工具：人类长于小群体记忆，对合作与背叛心知肚明，长于用流言蜚语形成公共意见强迫越轨者合作；人类发展出不计代价为亲属报仇的心理，这实际上对侵犯者形成了一种威慑，从而为群体间的和平提供了生物学保证。[2] 群体间的和平和秩序实质上也是合作，是群体遵守互不侵犯甚至等级规范的合作的结果。近几十年来，生物学家和心理学家的研究成果更是进一步证明了人类经过几十万年的漫长进化，在行为和心理上早就成为小群体的天生的合作者。人类的理性本质使他们能自发地创造彼此合作的方式，[3] 而不会像理论学家那样先去思考规则的合理性。现存于世的绝大多数人类社会群体都有有利于形成合作的各种价值观（如一定范围的平等、公平），这些价值观并不是理论反思的结果，这些价值观是成功合作逃过了残酷的自然选择的人类社会群体的精神遗产。

　　相反，专制和不平等的劣质性也无法从价值本身证明，其作

1　［美］哈依姆·奥菲克：《第二天性：人类进化的经济起源》，张敦敏译，中国社会科学出版社 2004 年版，第 11 章。

2　苏力：《复仇与法律——以〈赵氏孤儿〉为例》，载《法学研究》2005 年第 1 期。

3　［美］弗朗西斯·福山：《大断裂：人类本性与社会秩序的重建》，广西师范大学出版社 2015 年版，第 10 页。

为价值观的劣势是从进化竞争中显现的：专制和不平等更有可能损害合作，其结果反而使自身变得孱弱，最终，秉持这种价值观的群体将会被淘汰。二战时期，纳粹德国对犹太人的迫害实际是拒绝与犹太人的合作，最终把爱因斯坦和冯·诺依曼这样百年一遇的天才逼到了美国。大批天才物理学家和数学家逃离德国或许在很大程度上已经决定了纳粹失败的命运。反之，美国的熔炉政策却吸引了欧洲大批精英贡献自己的才华，为美国二战后成为世界强国奠定了基础。拒绝给予女性平等地位实际上是拒绝与女性合作，把自身可用的人力和智力资源减少了一半。这种群体在长久的人类竞争中注定会逐渐衰亡（联合国人类发展指数中位于前列的国家大多数是女性地位比较高的国家可以证明这二者之间有相关关系）。

价值观的历史就是如此。大约在公元前 10000 年，地球上有数千个人类文明。但到公元前 2000 年，这个数字已经只剩下数百个。[1] 几千年来，我们看到规模小而简单的各种文化逐渐融入较大的文明。这些较大的文明成为历史的最终胜利者，支撑这些大文明的价值观也最终成为人类普遍价值得以出现的基础。而那些无法促进更大范围合作以应对更大竞争的人类群体及其价值观最终被历史淘汰。最终，是人类进化历史造就了具有强大生命力的普遍价值观。价值观是制度构成的重要力量，主流价值观和主流生物品种一样都是竞争的结果，都是历史的产物。价值观的"适者

---

1 ［以］尤瓦尔·赫拉利：《人类简史》，林俊宏译，中信出版社 2014 年版，第 163 页。

生存"绝非武力强大者生存，古往今来的历史已经证明缺乏认同和支持的武力是难以持久的。价值观的适者生存意味着：更能促进人类合作的价值观和制度更强大，更有可能获得更大的认同和执行，这些价值观和秉持这些价值观的群体更有可能生存。抽象价值之间的确是无法比较的，但从长久促进合作的能力来看，某些价值（例如男女平等、个人自由等）从长久的历史的角度来看肯定要比其他价值（如男尊女卑、阶层世袭）更能促进人类之间的合作。追求和服从这些价值观念的群体更有可能赢得价值竞争，更有"生存优势"。

第五节　进化论视角下的元价值理论的启示

进化论视角下元价值理论对于我们重新认识法律价值以及法律价值如何在法律实践中发挥作用是非常有启发的。

首先，对价值观应当持有开放和发展的态度。没有任何法律价值是天赋的和永恒的——甚至生存和合作这两种元价值也是在历史进程中（甚至直到今天）不断捍卫自身，不断与否定自身的价值观（如各种极端主义思想）的对抗才得以出现的。法律的价值基础不是天上掉下来的，是活生生的人类历史演化出来的。正因为如此，自由和平等并没有成为所有时代永恒正确的价值选择。充分的个人自由甚至在历史上的大部分时期都不是有助于群体生存和竞争的事物。只有当人类社会的政治、经济、文化等条件发展到一定程度时，个人自由和平等等价值才具有了最强大的吸引力和生命力，为群体的生存和合作带来了更多的好处（例如促进科学技术的进步、消费能力的提高）。自由和平等在这个时代才成为最有利于赢得群体竞争的价值观。人权观念在全球范围的普及就是人权名目下各种现代价值观念成为现代世界价值竞争的胜利者的证明。但是，这种价值竞争远未完结。我们的法律理论已经对自由、平等、人权之类的"法律核心价值"太习以为常了。似乎法律除了这些启蒙价值之外不再有其他的可能性，甚至习惯性地误以为这些价值是永恒的，立法的先进与否首先就看是否符合这些"价值理念"。这种把法律价值固定化、神圣化、意识形态化的做法是值得怀疑的。这并不是否定这些得到越来越多人认可的价值观的正当性和合理性，而是提醒我们要对任何未经反思的"天赋的""不证自明的"绝对的价值观应保持警惕。

其次，进化论视角下的价值观理论提醒我们：现代世界的所谓法律价值之争更多的是在已经形成了最低限度的价值共识——生存和最低限度合作价值之上的价值组合之争。在生存和合作的元价值基础之上，其他各种价值才可以共存，而它们之间的组合将会是多元的。这意味着"良法"不仅仅只有一种，"法治"也不会只有一种。我们在学习借鉴"先进的"法律规则和"价值理念"之前，需认真思考自身的价值需要和人类法律的价值底线，这是走向良法之治的客观要求，并坚信中国完全可以创造出具有中国特色的法治经验和法治模式。

最后，或许对于法律人来说最重要的一点是：理论和历史提示了合作是法律所追求的各种价值——自由、平等甚至正义——之后的隐秘的价值目标和价值限度，其重要性只有生存可以与之匹敌。正义只不过是划分人类合作利益的方式；自由和平等如果想要持续就必须以合作为限度。更能促进合作的制度更有生命力和可持续性，更具生存优势。因此，如何在可以共存的法律价值之中进行协调，创造出更具有价值吸引力和价值竞争力，可以促进更多价值认同，促进更高层次合作的法律制度是法律价值理论应当深入研究的课题。

第三章　个人价值观与合作

从元价值观的角度来看：一切法律都是为了人类的生存与合作。这是法律的最根本的价值基础。一切法律的成败都取决于是否能更好地实现元价值。元价值因此提供了一种评价法律标准，通过这一标准，我们可以更好地理解一些传统和现代的法律问题。

第一节　实证主义的夸张与修辞

对于法律来说，价值主观主义是不可接受的。法律必须建立在某种价值观念之上。价值观基础是法律无法摆脱的基础，法律和法治都绕不开价值问题。如果我们接受"法治是指制定得良好的法律被服从"这一普遍被接受的法治定义，那么法治面临的首要问题就是：什么样的法律可以算作是"良好"的法律？而在现代多元价值的语境之下，由于人类价值追求的多样性和价值的不可通约性，法律应当如何发现并确立某种关于"良好"法律的价值共识？如果特定社会群体对何为"良好"的法律发生冲突——这在多元社会的背景下是必然的——应该以谁的价值观作为"良好"法律的基准？为什么法律应该追求这种价值而压制甚至放弃另一种价值？如何论证某种法律追求的某种价值比另一种价值更好，更值得追求？如果法律的基本价值观的争议无法解决，则一部分人认为制定得"良好"的法律在另一部分人看来却是"恶法"，更多的法律反而只会导致更多的"恶法是否是法"的抽象争论。更多的缺乏价值共识的法律有可能导致一个"法律更多，而秩序更少的世界"。而在法律所涉及的价值共识发生严重冲突的情况下，法律秩序有可能被彻底毁灭（例如美国的南北战争）。两种情形之下，法治都没有实现的可能。因此，多元价值难题对于法律来说不仅仅是一个抽象的理论问题，它对于法律存在的高级形态——法治的存在也具有举足轻重的理论和现实意义。

哲学理论可以质疑在价值多元已经成为一种政治正确的时代，由于价值的不可通约性，一种有着确定位阶秩序的"良好"法律的价值标准是否可能，而面向现实生活的法律却不可能承认由于价值的不可通约性，所有价值都是绝对平等的这一相对主义法治理论立场。法律本身就必须以认可某种价值秩序为基础才成为可能。正是依托某种特定的价值秩序，法律才有可能给偷盗行为以负面价值判断。而如果我们生活在完全相反的价值秩序中，如以盗窃为荣的古代的斯巴达，法律所作的价值判断恐怕会完全相反。如果没有特定的价值秩序基础，把什么行为都认为是正确的，那么法律是不可能存在的。

价值秩序的确立是法律存在的逻辑前提。价值秩序对于法律体系的重要性决定了法律必须不仅仅能够在事实上，还应当在理论上为自己的价值观提供证明。对"什么都好""什么都可以"的价值相对主义作出让步就等于承认纳粹的法律、奴隶制、种族隔离和《世界人权宣言》有着同样的价值，塔利班的统治和民主制没有区别，甚至宗教极端分子消灭异教徒，让天使降临人间的疯狂价值观都是可以的，因为没有共同认可的更高的价值标准可以对这些制度的价值基础加以评判。极端的"恶法亦法"的危险性就在于认为法律可以接纳任何价值标准，从而在实质上有滑向价值相对主义的可能。

另一种试图逃避法律的多元价值选择难题而看上去颇有些科学中立性的形式主义的立场："法律是由××制定的强制性规范"也无法逃避因回避法律的价值秩序选择问题而陷入困境。依据这一定义，任何规范无论制定者是谁，只要被严格执行就是实现了"法治"。这种不问价值只看规范执行效果的"执法法治"也是不可接受的。因为，法治不仅仅是严格执法。人们创造法律是为了拥有好的生活。法律是工具，生活才是目的。法律得到严格执行只是好工具的标准，而不是好生活的标准。正如只有一把锋利的菜刀而没有烹饪常识并不足以保证做出一顿美餐，不问价值目的的严格执法同样也无法保证实现的是好的生活。美国法学家富勒的"法律的内在价值"理论把法律的实质性价值基础的选择问题简化成了法律自身是否好用的问题。[1] 这种对法律价值基础问题的简化是菜刀工匠的哲学：只管菜刀锋利，不管别人买了菜刀是去砍人还是切菜。然而，菜刀再锋利也无法回答什么是一顿美餐的问题。同样，法律执行再严格，也无法回答所执行的法律是不是好法律的问题。如果"执法法治"成立，监狱就成了"法治"的

---

[1] ［美］朗·富勒：《法律的道德性》，郑戈译，商务印书馆 2005 年版。

样板，这岂不是与说菜刀就是美餐一样荒谬？纳粹歧视和消灭犹太人的法律执法严格，成效显著，难道这也是"法治"？形式主义和相对主义一样，都无法回应价值相对主义可能带来的谬论。

同样，法律实证主义的谬误就在于对于道德及道德背后的价值观的拒斥，试图用主权者命令或者人们的习惯（惯习）来定义法律都无法避免法律堕落成为暴政工具的可能。因为主权者的价值观可以是任意的，民众的习惯可以是随意的。只要有主权者命令就能保证法律是法律的实证主义法律观实际上把法律的服从者当作不会思考的机器人；而认为只要有民众习惯（惯习）就能保证法律是法律的实证主义实际上是偷换了命题，即：把为什么要服从法律的规范命题换成了有人服从法律的事实命题。

从哲学的角度来说，法律实证主义同样是不成立的。自然世界可以没有价值目标，但人造之物必定是蕴含价值目标的。一块石头就是石头，并不会有人因为这块石头诞生之时没有目的而说石头不是石头。但一把椅子必定是因某种目的才得以诞生，也必定是因为这把椅子必须要符合这种目的（价值目标）才能被称之为一把椅子。因此，人造之物必定是有价值目标的，价值目标构成了人造之物的必然的一部分。没有目的的人造之物是不可想象的。我们造一把椅子是为了坐。因此，一把椅子至少要有一个可供坐在上面的平面才能叫作一把合格的椅子。一件人造事物之所以成为事物是必须要实现这件人造之物的价值目标的。法律同样如此，从法律诞生的那一刻起，其内在的目标就是实现各种各样的人类群体生活共同追求的价值，例如和平、正义、秩序、繁荣等等。人们判断一部法律是不是好的法律，不仅仅根据法律是不是由上帝或者国家颁布，更是依据法律是否公正，是否能实现其价值目的。法律的价值目标再邪恶，人们也会认为邪恶的目标是法律的价值追求——尽管这一追求并不为大多数人所赞同。价值观是法律成为法律内在因素之一。脱离价值讨论任何人造物都是不可能的。同样，脱离价值观根本不可能有法律。

最终，对价值问题的妥协和回避都无法解决法治的实质性价值基础的问题，法治理论还是必须面对实质价值之争的哲学难题。如果我们不想接受我们的价值观是"好"的，我们的法律是"好"的仅仅是因为我们偶然出生在这一社会群体中或者我们偶然属于多数群体这种"偶然就是正义"或者"人数就是正义"的解释，我们就必须证明：某些价值就是要比另一些价值更"好"，更具有合理性。而这个合理性绝不能仅仅是某种形式上的东西，而必须是某种实质性的价值观。

第二次世界大战之后，实证主义的荒谬显现无疑。实证主义法律理论也开始向自然法学派靠拢。哈特的"最低限度的自然法"甚至列出了够得上法律的最低价值标准。[1] 实证法向自然法的靠近其实并不是实证法的投降。从头到尾，实证主义就是一种流行于英美大学法律圈的智力游戏。从来不会有谁把实证法学派的各种主张正儿八经地当作立法的理由。在很大程度上，这只是对法律试图摆脱道德哲学的一次理论尝试。而实际上，实证主义法学派对人类学术思想的贡献是极其有限的。除了提出了几个并没有人在法律实践中

1　[英] H.L.A. 哈特：《法律的概念》(第二版)，许家馨、李冠宜译，法律出版社 2006 年版，第 180-185 页。

会认真考虑的命题，贡献了一堆学术文章，搞了一场轰轰烈烈的学术运动之外，实证主义法学派并没有什么新东西。这几年，随着实证主义开始自说自话，它已经陷入深重的危机。关于承认规则的辩论，以及由之催生的所谓"包容性法律实证主义"和"排他性法律实证主义"，事实上把法学研究引入死胡同，使实证主义者离法律现实越来越远，他们的研究已经越来越不重要。[1]

第二节　个人价值观是驱动合作的动力

实证主义法律哲学最大的问题就在于试图把价值观驱逐出法律。这一做法最大的困难并不仅仅在于哲学上，更在于现实之中。现实生活是对没有价值追求的法律最大的嘲讽。人类天生自带的价值观驱使着人类为了实现这些价值观不断地奋斗、抗争、流动、迁徙。很多人类追求的价值目标只有通过合作才能实现。而法律就是实现人类合作的事业。为了实现人类的合作，法律就必须尊重这些人类与生俱来的固有价值目标。

在人类历史上，为了合作而出现的立法实在是非常普通的事情。公元前495年，罗马被外敌入侵，平民们纷纷入伍参战，贵族执政官普布流斯·塞尔维流斯许诺："将废止债务奴隶法，人民不会因欠债而变成奴隶。"经过持久的战争，罗马获取了胜利，而平民却因耽误农时而破产。而贵族却出尔反尔，趁火打劫，恢复了债务奴隶法，大量平民沦为奴隶。忍无可忍之下，平民发动了大

1　於兴中:《法理学前沿》，中国民主法制出版社2015年版，第29页。

撤离活动。平民们带着武器，撤离到罗马城外五公里的一处圣山上，成立了平民城。为避免内战，也为了保护贵族自身的安全，双方妥协设立了只有平民可以担任保民官。[1]从价值观的角度来说，罗马平民争取权利，改变法律的运动就是为了实现安全的价值目标，这一目标通过平民和贵族间的合作而得以实现。这一目标之所以得以实现，是因为双方都有人类最基本的价值追求——安全。

通过对人类基本价值追求的保障来实现合作最终实现法律的价值目标是人类历史上再寻常不过的事。而中国在扩展社会合作范围方面同样有着丰富的经验，商鞅变法时通过"废井田，开阡陌"，极大地调动了农民生产的积极性；通过战功与军爵挂钩，极大地调动了农民参军打仗的积极性，最终造就了一个强大的军事帝国。罗马帝国的立法可谓合作保生存，商鞅变法可谓是通过瓜分战争红利合作发财致富。双方都透着生意人的精明。能够兼顾双方的价值目标携手合作是再明显不过，也是再好不过的立法基础，能够照顾到多数人的利益的合作基础也极大地降低了法律执行的成本，为法律能够实施奠定了基础。

尊重人类的价值观才能实现法律目标，通过人类价值观引导人类行为是法律的基本逻辑。而人类总是追求更好的生活。对于人类这种"没有最好，只有更好"的永不满足的物种来说，法律如果想要实现自己的各种目标，就必须要在价值目标层面理解人类，并根据人类的价值目标的性质，构造一个能够满足最大多数

---

1 ［德］特奥多尔·蒙森：《罗马史》，李稼年译，商务印书馆 2015 年版，第272 页。

人的价值愿望的法律价值体系。这意味着，法律的价值目标不可能是平行的，也不可能是混乱的。法律如果想要实现最大范围和限度的人类合作，必须按照人类价值观的层次来设计，因为人类的价值观是分层次的。在吃饱喝足之前，人不会考虑哲学问题。但是，仅仅只是吃饱喝足对于人来说也是没有任何吸引力的，否则，监狱就成了人最向往的地方。这一点被诸多的人类思想家察觉。管子曰："仓廪实而知礼节，衣食足而知荣辱。"[1] 都是对人类最基本价值需要和更高层次的价值需要的理解。直到 20 世纪，美国著名心理学家马斯洛（1908—1970）对人类的价值观进行了系统的分类。他在《人的动机理论》一文中把人的基本需要按生理需要（Physiological needs）、安全需求（Safety needs）、爱和归属感（Love and belonging）、尊重（Esteem）和自我实现（Self-actualization）从低到高进行排列。[2] 而人的价值观也有一个对应的等级。人总是在较低层次的价值需求得到满足之后开始调低已经满足的需求的价值等级，调高下一个等级需要的价值等级，从而在行为上体现出一种不断发展和变化的态势。"人往高处走"就是这种价值观等级升级的一个形象的比喻。

　　马斯洛的价值层次需求理论也可以帮助我们很好地理解法律如何通过塑造自身价值观念体系来促进更多的人参与合作的问题。历史事实是，人类并非"安土重迁"的物种，更像是"吾心安处即故乡"的物种，否则人类也不会走出非洲，遍布全球。所谓的

1　《管子·牧民》
2　林方主编：《人的潜能和价值》，马斯洛《人的动机理论》，华夏出版社 1987 年版，第 210—221 页。

"安土重迁"不过是以土地为生的农业文明产生的农业时代的独特价值观而已。而"心安"的标准，就是能否满足自己的基本需求或更好的需求。中国古代传统社会的"落叶归根"说到底不过是因为中国传统的乡村社会是可以更好地满足传统社会老人养老基本需要的地方。故土再难离，乡村生活再浪漫，满足不了生存发展的需要也最终只能变成空心村。待在农村吃饱饭没问题，但不会有多少人以吃饱饭为人生的最高要求。城市之所以有吸引力就在于城市能够提供更高层次价值满足。

而城市无疑是一个陌生人社会，陌生人社会的合作由于缺少小社会群体的熟悉程度，更加依赖于个人自带的价值观驱动力。对于这种自我价值观驱动的繁荣，亚当·斯密作出了经典的论述："正是用这种方式，我们彼此得到了自己所需要的绝大部分的东西。我们期望的晚餐并非来自屠夫、酿酒师和面包师的恩惠，而是来自他们对自身利益的关切，我们不是向他们乞求仁慈，而是诉诸他们的自利心。"[1] 对于这种价值驱动的社会合作，司马迁则用"天下熙熙，皆为利来；天下攘攘，皆为利往"[2] 加以描述。不需要国家帮助设计规则，商业利益带来的价值观的满足就驱动民众自发地建立起一套完整的商业运作体系。人类的自利之心如此强大，以至于在史前时代，人类就可用以物易物的方式跨越万水千山建立起商品交换体系。[3]

1　[英]亚当·斯密：《国富论》，唐日松等译，华夏出版社 2005 年版，第 14 页。

2　司马迁：《史记·货殖列传》

3　[美]哈依姆·奥菲克：《第二天性：人类进化的经济起源》，张敦敏译，中国社会科学出版社 2004 年版。

　　然而，财富并不是人类价值观的终点，拥有财富之后，人类更愿意用财富去追求更高层次的价值的实现。北美奇努克印第安人聚集起财富，并不仅为了自己享用，而是为了在"散财宴"（potlatch）上一掷千金，为自己获取名声和地位。奇努克印第安人家族地位的高低不在于占有多少资源，而在于送出去多少资源。[1]甚至经常出现将财物付之一炬的情形，让西方传教士目瞪口呆。传统中国式的更高价值追求则体现在对科举的重视之中。满清重臣曾国藩家族就是传统社会中国人不断提升价值观追求的范例。曾国藩的爷爷曾玉屏辛苦劳作，终于使曾家逐渐兴旺。家中有了经济基础之后，曾玉屏选中其长子曾麟书从小脱离生产，专心读书，并从外地花高价请来老师，"令子孙出就名师"，不中科举不罢休。然而，即便曾玉屏家中富裕，也只够曾麟书一人脱离生产劳动，专心科举大业。其他两个儿子则只能继续从事农业生产劳动，才能维系长子曾麟书的高昂的科举费用。即便如此，曾麟书考了17次，到43岁时才勉强中个秀才。到曾麟书的长子曾国藩出生时，曾家经过两代人的经营，已有田地百余亩，人均至少十二亩，而当时全国人均田地才一亩七多一点。[2]可以说，曾家已经从中农奋斗为小地主了。即便如此，也仍然只够曾国藩一人继续传承使命，继续科举，其他人则继续从事生产劳作。直到曾国藩中进士之后，曾氏家族历经三代，才终于彻底完成了阶层跨越。这已经是非常快的速度了。据现代学者宗韵研究，明代普

1　谢国先：《北美印第安人的散财宴》，载《今日民族》2014年第6期。

2　朱东安：《曾国藩传》，辽宁人民出版社2014年版。

通农民家庭要培养出一个官员所花时间平均为四代半。[1]为了实现更高层次价值追求而奋不顾身的还有左宗棠。1875年，63岁的钦差大臣，督办新疆军务左宗棠，向光绪皇帝上了奏折，要求辞去一切本兼职务，参加当年的科举考试。左宗棠从1832年20岁中举人，三次参加科举考试都没有中进士，后来一直没有机会考科举，所以身为一品大员依然是一个举人。而没有考中进士的官员，即使有再大的功劳，当再高的官职都没有资格入阁拜相，死后也没有资格获得朝廷的谥号。而且左宗棠还有另外一个必须考中进士的原因，那就是自己的死对头樊燮的儿子也参加了当年的科举考试，如果让他中了进士，将他们当年的恩怨大肆宣传，心高气傲的左宗棠受不了这种羞辱。[2]正是人类对更高层级

1　宗韵：《家族崛起与地域社会资源的再分配——以明代永乐、宣德之际江西泰和为中心》，载《安徽史学》2009年第6期。

2　左宗棠还没有当官的时候，投奔湖南巡抚骆秉章做幕僚。由于左宗棠才干出众，骆巡抚索性将大部分的公务都交给左宗棠处理，左宗棠虽然没有官职，却是湖南官场一个响当当的人物，巡抚以下的官员见了左师爷都得行礼。永州总兵樊燮，和太平军数次交战都战败，正让巡抚骆秉章闹心。结果这位二品大员在见到左宗棠后居然不行礼，还讽刺左宗棠是举人，左宗棠破口大骂："王八蛋，滚出去！"樊燮不但被左宗棠臭骂一顿，还被撤了官职，而参他的奏折正是左宗棠写的。樊燮串通一些满族大臣（官文）告左宗棠扰乱湖南军务，羞辱朝廷命官，原本朝廷要杀左宗棠，结果曾国藩等人上奏："大清不可一日无湖南，湖南不可一日无左宗棠。"硬是将左宗棠保了下来。樊燮既被罢了官，又打输了官司，邀请湖南名流作见证，将"王八蛋，滚出去"六个字刻成匾，放在祖宗牌位前，并发誓，如果两个儿子不能考中进士，终身穿女装。可见对左宗棠是恨之入骨。樊燮聘请名师教导两个儿子，每天都要亲自检查儿子的学习进度。教师吃的食物，只要稍微有点不合口味马上更换，樊家的家庭教师工资比一般的　（转下页）

的价值永不止步的追求让人类社会的合作变得简单了许多。左宗棠请辞后迅速被赏进士出身，并升为东阁大学士。左宗棠感恩戴德，抬棺进疆，为清朝平复了新疆叛乱。曾国藩在被李秀成劝叛之时依然坚定地站在了能给他无限风光的满清朝廷一边。依靠一点高社会地位的诱饵，唐太宗就实现了"天下人才尽入吾彀中"的目标，实现了与传统社会足够聪明的人（聪明的人一般会考试）、足够富有的人（科举需要足够的经济基础才能支撑）的合作统治，把唐朝的统治基础进一步扩展。人类对更高层次价值观的追求对人类合作行为的驱动力可见一斑。对于中国传统社会延续千年的一个社会学的解释就是，科举制这种可以实现社会阶层流动的制度极大地缓和了阶级社会的矛盾。科举制是相对公平地可以让人实现出人头地目标的制度，正是这种可以让人实现更高价值追求的制度极大地削弱了"王侯将相，宁有种乎！"的暴力革命动机，实现了更大程度的社会合作。反过来说，一种没有更高层次的价值目标的社会，或者一种无法满足更高层次的价值目标的社会恐怕实现合作比较困难，因为这是违背人类的价值追求本性的。囚犯在监狱中有吃有喝，但没有多少人会把监狱当作人间天堂，每一个囚犯仍然在向往更好的生活——而不仅仅是饿

（接上页）县令还高，可见樊燮是下了血本了。功夫不负有心人，樊燮次子（长子早逝）樊增祥果然考中了进士（1877 年），樊燮当时已经过世，樊增祥大宴宾客，当着众人的面焚烧"王八蛋，滚出去"木／洗辱牌，一时传为佳话。李鸿章等政敌，时不时拿这档子事来讽刺左宗棠，说左中堂的官没有他的官正宗，让左"举人"相当的难堪。所以左宗棠以 63 岁高龄依然坚持科举考试，正是要为自己争口气。

不死的生活。印度的种姓制度把每个人都牢牢锁死在出生时的阶层上，即便如此，印度教也提供了实现更高的价值追求的可能——今生履行义务，来世即可提升种姓。于是印度教徒安然地接受了自己的命运——虽然更高的价值追求在来世，但总有希望。

因此，个人价值观是推动人类合作的巨大动力，法律制度只要尊重人类基本的价值需求——生命、财产、安全和行动的自由就已经足以创造出巨大的相互合作的社会，实现巨大的繁荣。如果一个人类群体能够有更多地实现更高价值目标的机会，那么这个社会一定会更加具有吸引力，吸引更多的人加入这个社会群体的合作，实现更高的价值目标，去过更好的生活。就像10多万年前，人类的祖先离开非洲大陆那样——人类永远在奔向更好的生活。

第三节　移民与中国法律的价值层次问题

马斯洛的需求层次理论还可以为我们理解中国涌动的移民潮提供了一个观察的视角，更为我们理解我国许多现象背后的价值观缺失问题提供帮助。

根据世界各国对移民问题的研究，跨国移民的主要目的是寻求更好的经济机会。按照这一逻辑，我们应该能够看到更多的移民流入中国和更少的中国居民移居他国（包括改变国籍和获得长期居留资格），但现实情形却并非如此。根据联合国统计，居住在我国的移民为 84.89 万人，而到 2013 年，移出移民为 934.25 万人。二者之间存在着 11 倍以上的"移民赤字"。[1] 虽然我国严格的限制移民政策可以在一定程度上解释为什么移居我国的外国人和移居他国的中国人差距，但 11 倍以上的向外移民数量差距恐怕很难仅仅用我国严格限制外国移民政策来解释。尤其值得关注的是，向外移民增长最快的时期恰恰是改革开放后我国经济快速增长的时期，这就更加说明了问题：不是中国缺少经济机会，而是经济需求并不会具有永久的吸引力；基本生存需要获得满足后，人们自然而然地产生了更高层次的价值需求，而经济水平的提升恰恰为寻求满足更高层次价值需要提供了基础，因此才会出现中国经济繁荣却有更多的人选择离开中国的奇怪现象。经济繁荣的中国可以满足生存等基本需要，但在生存需要满足之后，中国社会满足高层次需要能力缺乏的局限就显现了出来。于是就形成了经济越繁荣越多富裕阶层选择移民的奇怪现象。相关的数据研究也证明了教育质量、环境污染和食品安全是中国富裕阶层想移民的最主要原因，分别占 21%、20% 和 19%。其次是社会福利（15%）、医疗水平（11%）和资产安全（8%）。[2]

这些移民原因的数据就很好地证明了马斯洛的需求层次理论对中国富裕阶层移民现象的解释力。经济基础非常重要，但并不是每一个人生活的全部。人除了生存之外，还有其他价值追求。在经济条件极度匮乏的情况下，获得经济利益确保生存自然是生死攸关的大事，也是一种必需，在这种情况下，能够保证经

1　王辉耀、刘国福：《中国国际移民报告（2014）》，社会科学文献出版社 2014 年版，第 20–21 页。

2　同上，第 32–42 页。

济发展的国家必定会有一定程度的制度吸引力。这也是为什么中国会成为许多经济落后的亚非国家移民目标的原因。但一旦超过了温饱的临界点，更多的基本生存需要的满足就很难再具有吸引力，因为它满足不了更高层次的价值需求（用经济学的术语来说，就是物质利益所能带来的边际效用开始下降）。此时，对安全感、爱、归属感、尊重感等精神性需求的要求就会逐渐上升。在生存等基本需要没有得到满足时，能够满足生存需要的社会就是对个人具有很高价值的社会。而当人的生存需要已经被满足后，还停留在只能满足生存需要的社会就因为人的需求的变化而变成了一个没有多少价值吸引力的低价值的社会。而其他能够满足人的较高层次需求的社会就变成了高价值社会。这就是西方发达国家虽然经济总量不大，但其稳定的法律制度，完善的社会保障体系，较为宽松的制度环境却能满足较高层次的价值需求，因而逐渐具有了更高价值吸引力的原因。

因此，移民问题实际上是一个指针。它清晰地显示出了全球各国家和各地区之间对人类价值需求的满足能力和各区域对于人的价值高低。战争地区和社会动荡地区无法满足人的基本价值需求——生存，是价值满足能力的最低区域，也是对于人类来说最没有价值的区域，所以也是最大规模的移民和难民潮发源地。而在生存价值得到满足的情况下，能够满足马斯洛价值等级链条上人的更高层次需求的国家和地区将会对人具有更大的价值，将会具有更大的吸引力。人类社会的发展趋势从价值满足的角度来说一定是从低价值区域向高价值区域转变。人类的流动趋势一定是从低价值满足能力区域向具有较高层次价值满足能力区域进行。

人类对于更高层级需求满足的追求，或者说人对更高价值的追求是一种本能。面对移民潮，我们更应该反思的是我国的社会制度建设应当怎样改进，才能有助于生活于其间的民众实现更高的价值追求。而要实现社会制度具有价值吸引力的目标，就必须在社会结构和制度上做出调整，使得社会能够满足个体对安全感和尊重等更高层次价值的需求。

一个社会从只能满足基本生存需求的社会转变为可以满足多层次较高级需求的社会面临的问题不仅仅是增加几部相关法律那么简单。要满足超出了生存需求的高层次需求需要法律在价值属性上有一个巨大的提升和转变过程——由单一价值社会向多元社会转变。这一点并不难理解，人的生存需求是由人的生理结构决定的，人类相同的 DNA 结构决定了实现这一最低层次的价值目标不会有太大的差异。无论何种肤色的人类，维系生存和健康所需的碳水化合物数量差异都不会太大。对法律和社会结构的需求差异也不会太大。生存是所有人的价值需求实现的基础，在生存需求面前，其他个人需求必须作出让步。这一道理就是隐藏在"战时无法律"这一法谚之后的价值论基础。

但是，当社会进展到需要满足安全、归属感和尊重的需求时，统一的基础就不复存在。低层次的生命安全和高层次的社会环境安全感、未来稳定的安全感不一样；个体因为教育、个性、人生经历的差异对于归属感的需求也不一样；而尊重、自我认同、自我实现等高层次需求的差异则更加巨大。这些高层次的价值需求都需要社会有相应的结构变化以满足这些高层次价值追求。这些价值需求会对社会文化、社会心理发生影响，更会对法律提出价值多元化等各种调整要求。

第四节　用法律重铸安全感和社会信任

法律是社会价值观最重要的载体。法律最清晰地反映了一个社会的价值观念。每一种法律制度都必然以一定的法律价值观为基准。[1] 将人划分为不同的等级，不同的人享有不同的权利，如印度的种姓制，元朝的四等人制以及对选举权利的财产或身份限制都是在否认平等的价值。美国联邦最高法院在罗斯福新政前对最低工资法的否定是对个人资本自由控制权，进而是对个人自由价值的绝对肯定。而后对最低工资法律限制合宪性的肯定则是一次价值转向——肯定了公平的价值，限制了个人无限自由的价值。因此，法律是价值观的最直接体现。

从微观上看，社会价值观是通过法律制度和规则体现出来（制度和规则并不完全是一回事）。在尊重包括犯罪嫌疑人在内的每一个人权利的主流价值观的指导下（或者说个人自由至上的价值观下），美国联邦最高法院设了米兰达训诫规则、毒树之果证据排除规则等严格限制警方权力的规则。这些规则形成的刑事程序制度保护了犯罪嫌疑人的权利，却损害了警方的行动能力，警方常用的一些伎俩无法实施，在某种程度上使得疑犯有更多的机会

1　黄文艺：《全球化与法理学的变革和更新》，载《法制与社会发展》2002年第5期。

逃脱。[1] 而在中国，从我国的刑事诉讼法的设计可以看出我国的立法者更多地将"秩序"这一价值摆放在了个体权利之前。或者说，是以"相对工具主义程序理论"作为基调的。因此，我国的刑事诉讼法的首要价值目标是确保刑法实施，其次才是无辜者免受定罪和被告人获得公正审判。[2] 其结果就是我国的刑事诉讼法赋予了警方更多的权力，更长的羁押期限，更少的证据获取限制。甚至出现"严打"这种政治化的执法运动。价值观变革成功与否在很大程度上就是看法律能否将体现更高层次需求的价值观变为法律规则和制度并在社会生活中得到实施。

要造就一个更具有价值吸引力的社会，就需要考虑在现行的法律制度与满足高层次价值需求不符的地方做出变革，使以法律为核心的社会规范体系体现出更高层次价值的要求。马斯洛的需求层次理论指出在生存需要满足后，安全感就成为最急迫的需要。此处的安全感并非指生命受到威胁可能时需要的安全感。这种安全感属于生存需要的范畴。连最基本的生命安全都无法保证的国家根本谈不上什么更高层次的价值追求，也不会对正常人有什么价值吸引力（浑水摸鱼者除外）。较高层次价值的安全感是指社会安全感。社会安全感更多地涉及职业稳定、食品安全、诚实信用、政策法规、人际关系等。在一定程度上，社会安全感的内涵接近于社会信任，尤其是对社会制度的信任。中国人社会安全感的缺乏主要体现在对社会制度缺乏信任上。

1　任东来：《美国宪政历程：影响美国的 25 个司法大案》，中国法制出版社2005 年版，第 308 页。

2　张正德：《刑事诉讼法价值评析》，载《中国法学》1997 年第 4 期。

对社会制度信任的缺失和对个人社会安全感的最大冲击来自当每一条社会规则看起来都可以因为权力、金钱或者"关系"而改变时，整个社会实际上已经形成了一种"没有规则"的预期。或者说，形成了"权力通吃"的预期。在这样的社会预期下，一切都是不固定的，除了权力没有什么是可靠的。这一方面造成了对权力的迷恋（经久不衰的公务员考试热就在一定程度上反映了这种社会心态），另一方面则造成了对权力的恐慌。如果法律的保证在权力面前都不过是一纸空文，又有谁还会相信法律的保护？在预期自己的财产很难得到保障之时，把自己的财产转移到自己认为安全的地方就是一件理所当然的事情。大批的民营企业家虽然仍然在大陆经商，却把自己的财产和家人转移到国外就是这种"没有规则"的社会预期造成的社会安全感缺失的明证。这种没有规则的生活状态中，生活的不确定性就成了不安全感的最大来源。没有人能确认自己喝的水、吃的饭、住的楼甚至脚下看似坚实的道路是安全的。在此情形下，逃避就成了一种无可奈何的选择。许多移民并不是因向往民主选举而选择移民，华人在美国选举时投票率最低已经不是新闻。[1] 只为安全感而移民是很多移民的心声。[2] 三聚氰胺事件之后，进口奶粉几乎占领了所有婴幼儿奶粉市场，而国产婴幼儿奶粉几乎无人问津的局面就深刻地反映了人们对于国内制度深深的不信任。

1　徐峻、罗薇：《为何少数族群的参与较少？——移民、教育以及选举程序对亚裔美国选民登记及投票的影响》，载《世界民族》2012 年第 4 期。

2　孙卫赤、邓东宁：《中国富豪移民在美生活调查　子女教育许多不成功》，载《环球时报》2014 年 11 月 21 日版。

　　因此，要解决安全感缺乏的问题的关键是要解决制度信任问题。中国并不缺乏对食品安全、环境安全、质量安全的严格规定，但主要问题是没有人相信这些制度会得到实施。而在塑造制度信任增进安全感方面，历史或许可以给我们提供启示。

　　《史记·商君列传》记载，公元前 359 年，秦孝公试图在秦国实施商鞅提出的变法计划以迎接日益残酷的诸侯战争。为了使变法法令得到推行，商鞅在国都南门口立了一根三丈高的柱子并宣告：谁把这根柱子搬到另一个城门就给赏金十两。民众开始只是好奇地观望，不相信天下竟然会有这么便宜的好事。商鞅见无人应答，又把赏金提高到了五十金。最后一个人终于抱着试试看的态度把柱子搬到了另一个城门。商鞅当场就给了他赏金。从此，秦国政府颁布的法令不再有人敢当作儿戏。秦国借助商鞅颁布的一部部法律逐渐走上了富强之路，最终实现了天下一统。以赏金五十两就使国人相信国法必行并能行之有效当然是有点把问题简单化了。但商鞅注意到法律要能执行必须使民众相信它是法律这一点是与制度哲学以及制度经济学的结论相同的。

　　几千年前的古人商鞅实际上已经意识到了法律如果想要成功最需要的是什么：对法律必定执行的信任态度。正是这种相信法律必定会被执行的预期赋予了法律强大的力量。[1]而这种制度性的一以贯之的强大力量才能保证民众对制度产生信任感和安全感。法学家和经济学家已经从理论上揭示了商鞅所意识到

1　李锦辉：《规范与认同——制度法律理论研究》，山东人民出版社 2011 年版，第 142 页。

的东西：规则与制度实际上并不是一回事，规则与制度是可以分离的。[1] 规则可以规定造假者罚款，但当人们看到执法机关或者因为造假者太多没法施加处罚，或者造假者通过行贿就可以避免处罚，人们就不会把这一规则当真，或者认为规则实际上是"交钱就可以免除处罚"，结果在实际生活中就会形成另外一套制度。过多的法律都是这样，人们就会产生"所有的法律都是如此，并不会真正地被公正执行"的心理预期。这就是中国法律无法提供制度信任和安全感的主要原因。一种被真实地实践的制度所需要的除了行为规则之外，还需要的是对这种行为规则的应当被遵守的相互期待。正如一张作为货币的纸之所以能够买东西，除了我们能够理解和遵守与货币有关的规则（例如，遵守票面面值的制定）之外，还有一个人们彼此之间相信其他每个人都会遵守使用货币的规则的期待——或者说，他人会接受这张钞票的信任。这种相信彼此会信任（货币）的信任才是维系一种规则存活并变成真正的制度的力量。缺乏了共同的社会预期造就的信任这一精神性要素，规则将沦为书面印刷符号而不再是现实生活中可以约束行为的规则。正是这种稳定的社会预期使得规则得以执行，制度得以建立。说到底，法律规则本身需要人们信任才能有效。一种行之有效的制度必须是规则＋社会信任的产物。

规则的生命力实际上并不在其自身的形式性特点（如法理学教科书所说的几要素等）。规则如果想要成为在现实生活中能够指

1 　董志强：《制度及其演化的一般理论》，载《管理世界》2008 年第 5 期。

导民众生活的"活法",需要的是法律所针对的对象的信任;需要的是民众发展出"我相信你和我一样相信这条规则(这部法律)应该被遵守"的共同意识。[1]制定和颁布规则是非常简单的事情,而发展出对规则的共同的信任才是一种制度得以成立,规范得以实施的难点。

如果我们能够理解制度这一点,我们会发现,说到底,法治的根本或者说本质核心就是一个信任的问题。正是法律之后的这种信任才是法律规范由书面印刷符号向规则转变的关键。法律就是一种货币,对于货币来说,最重要的事情并不是作为货币的纸张被印刷得多么精美,而是每一个人都相信其他人会接受这张纸的态度和预期。没有这种共同的态度和预期,没有这种"法律应当被遵守"的认同意识,没有这种共同的精神要素的支撑,法律就只能是廉价的印刷品,就无法提供制度安全感。

对信任态度是法律规范和制度的基础的揭示可以给我们现实的法治实践以诸多启示。我们经常听到的一个口号是"加强制度建设",而所谓的"加强制度建设"在很多人眼中似乎就意味着制定更多更详细的规则。但是,对于制度的存在来说,规则本身的完备并不是制度建设成功的决定性要素(当然,缜密的规范也是制度建设成功的条件之一)。形成"规则必须遵守"的共同社会预期才是任何制度得以建立的关键,也是提升法律能够提供的制度信任感和社会安全感的关键。只有更多的规则,却没有对规则必定执行的信任,或许只会造就一个"法律更多但秩序更少的

1　李锦辉:《从排队秩序到宪法秩序》,载《北方法学》2012 年第 2 期。

世界"。[1]

第五节　用法律推动和保障多元化社会的形成

价值多元化是现代法律必须面对的核心难题。从价值论的角度来说，法律问题只不过是价值论问题的具体化和经验化。因为法律权利就是对各种价值观念的认可。各种权利的冲突实质就是各种价值观之间的冲突。即使价值观之间没有冲突，一个社会群体有限的资源不可能永远同时实现所有的价值，各种价值在法律中必须分出等级并体现为不同层次的权利。价值哲学必须提供这些披着权利外衣的价值的和谐共处和先后次序之道。

一个具有吸引力的社会应该是一个能够发展可兼容的多种价值追求的社会。因为人类价值观的差异性，人类也必定会发展成为偏好不同价值的社会群体。归属感和尊重这些高层次的价值满足必定只能从个人实践自身认可的价值观的活动和团体中来。

因此，要使个人获得归属感和尊重首先意味着国家要承认多元化价值要求的合理性，承认多元化社会团体的合理性，而不再诉诸某种绝对化的标准来判定社会价值要求的合理性，不再诉诸强制设立的标准以统一其差异。这实际上要求以宪法为核心的现代法律体系要发展一种宽容的理性政治文化和容忍多种价值

1　［美］埃里克森：《无需法律的秩序：邻人如何解决纠纷》，中国政法大学出版社 2003 年版，第 354 页。

观共存的法律制度。立法者必须理性地认识到人是历史的人，人是具体的人，每一个人或群体都有局限性，所有人的认识所达到的水平是永远不会完全一致的。在现代社会，各种价值观念的冲突是不可避免的事，而法律对各种价值观念需要做的是设定最低合作基础——不得毁灭其他价值甚至以毁灭整个价值合作体系为目的。换言之，多元价值法律体系的价值底线是：自由不能容忍毁灭自由的自由。除此之外，所有的价值追求，所有不同价值追求的生活方式都应当被宽容。只有建立在可以包容大多数人的自由选择的价值观念之上的法律制度才有可能建立起一个稳定的价值体系。也只有建立在这种大多数人的自由的价值选择之上同时尊重少数人的选择的合作秩序才会对多样化的价值需求产生吸引力，才会更大程度地释放出人类的创造力。

容许多元化价值追求本身就已经是对个人和群体价值观的尊重。这本身就产生了价值吸引力。另一方面，多元化价值追求意味着多元化成就的可能。多元化的成就只有在多元化的价值评价体系中才有可能获得更大的尊重。在一个以做官为最大成就的一元价值体系中，富甲天下并不会带来更多的尊重，因为在一元化的价值体系中，只有官位才是获得尊重的标准。而在多元化的价值体系中，个人和群体在多样化的领域获得的成功都是成功，个人获得尊重的可能性就此大大增加。这个社会的价值吸引力也因此大大增加。

而在多元价值观念产生冲突的地方，还需要拓宽法律的程序理性，通过公民的有效的、多渠道的民主参与来共同构建社会秩序中某些价值在一定条件下优先于其他价值的正当性。法理学家对于秩序、自由、正义等价值的排序只是一个大而化之的抽象理论。秩序、公平和个人自由是法律制度的三个基本价值，三者的冲突及平衡问题是法律理论最为微妙的问题之一，对法律性质进行解释的法律理论，总是倾向于在某个特定时间里强调上述三种法律价值当中的一个，而忽视另一个。[1] 在现实生活无数的细节中，某种价值永远优先的排序实际是不可能的。多元的法律结构在处理价值冲突时，必须承认人类共同的集体生活本质上是实践理性导向的而不是认知理性导向的，其中没有对绝对真理的追求，只有对更合理的价值追求。博登海默认为，安全、自由和平等三种价值及其冲突构成了法律制度的基础。这三个价值深深地植根于人的本性之中，在它们之间实现合理的平衡就是一个法律制度真正成功的标志。[2] 之所以将其称为成功，因为在实现了这三种价值平衡的地方，每一种价值既得到了最大的满足，又不至于伤害其他价值。这一价值平衡带来的社会收益是最大的，可提供的价值满足程度也是最高的，其价值吸引力也是最大的。

在具体制度上，更加多样化和更多类型的社会团体是多元化价值群体实践自身多样化价值追求的基本组织。国家和商业、事业组织的存在满足了人的生存基本需求，但只有更多样化价值目标的非盈利组织的存在才能提供让个体有更多的自主选择，为多样化的归属感和尊重的获得提供更多的可能。缺乏多元价值追求

---

1 ［美］博登海默《法理学：法律哲学与法律方法》，邓正来译，中国政法大学出版社 2004 年版，第 339 页。

2 同上，第 339 页。

的社会组织只能造成强大的国家和孤立无援的个体对立。托克维尔指出结社自由是社会活力之源。原子化的个人是漂浮的，如同无根的浮萍。人只在相互作用下，才能使情感和思想焕然一新，才能开阔自己的胸怀，才能发挥自己的聪明才智。而能够发挥这样作用的，只能是结社。结社自由使人们由关注身边的小事进而能关心国家大事，从关心国家大事而能更好地处理好身边的小事，培育良好的社会公共精神。[1] 缺乏系统化、理性化的可以和国家进行对话的组织更容易导致个体的冷漠或走向极端对抗，社会组织中介、协调作用的缺失更容易造成多元化价值世界的对抗而不是相互理解。在这方面，我国的社会组织在符合社会主义核心价值观的前提下，还可以发展更加多样化的社会群体包容多元化的归属和尊重需求。

最后，就马斯洛价值层次金字塔顶端的自我实现这一最高层次价值目标来说，法律是无法保证个人可以实现自我实现这一终极价值目标的。法律能够防止恶，但无力使人达到至善。这是我们不得不承认的法律的局限性。但另一方面，法律能够提供的稳定的多元化社会结构为个人实现自我实现的终极价值目标奠定了制度性的基础。这是一个个人实现各种高层次价值需求目标的最重要的制度性基础。它的存在对于个人所有高层次的价值需求的实现来说其重要性都是不言而喻的。法律的价值追求层次决定了个人实现高层次价值目标的可能性。

---

1 ［法］托克维尔：《论美国的民主》(下)，董果良译，商务印书馆1988年版，第635-650页。

第六节　认真对待移民问题

马斯洛的价值层次理论向我们展示了价值追求对于法律的重要意义以及人特有的价值成长之路——或者说——人的价值需求变化对于法律的价值内核变化的要求。法治是为了人。没有人的价值的实现作为基础，法律和法治都是没有意义的。只谈法治却忽略了法治本身的最终价值来源——人的价值需求——实际上是否认了法治的意义。人和动物最大的区别或许就在于人的价值追求是会不断向非物质的更高层次提升的。随着人的价值追求的不断变化，人对于社会制度，尤其是法律制度的需求也会不断发生变化。法律制度必须有效地回应人不断变化的价值需求对制度的需求才能保持法律制度的吸引力与活力。

法律的价值吸引力问题对于法治和对于一个国家的未来来说都是至关重要的问题。对于国家来说，缺乏价值吸引力将会造成越来越多的人才流失，一个国家未来真正的价值不在于黄金和GDP，而纯粹是人力资本。德国为了解决劳动力人口短缺的问题不得不四处引进外来劳工，哪怕明知是难以同化的穆斯林移民。发达国家需要的不仅是廉价劳动力，还有最优秀的人才。如果不更好地重视本土人才，不重视本土人民自身价值需求的满足，包括中国在内的许多国家都有可能沦落为欧美发达国家的人才培训基地。观察全球移民趋势，一个明显的趋势是发达国家正在不断降低对低端移民的要求并加大对高端移民的争夺。加拿大等国都在积极地走出去吸引人才，如有些国家甚至直接在印度设立招聘中心。来自发达经济体的拉动因素只会变得更强。最优秀的人才将获得最高工资。那些不保留和培养本国最优秀人才的国家将会陷入中等收入陷阱。[1]因此，改善我国法律制度环境，增加我国社会主义制度吸引力是一场输不起的战争。

对于我国正在努力争取实现的法治目标而言：法治虽然离不开国家权力的后盾，但更需要民众的自觉遵从和认同。强制永远无法造就法治。法治最终来源于民众对法律核心价值造就的法治秩序的认同和尊重。马斯洛的价值层次理论就为法治要维护和体现的核心价值列明了一张清单。这对于我们正在进行的大规模的法治建设来说是至关重要的，因为，制度和规则设计是围绕着价值展开的，正确的制度价值选择是制度建设成功的关键，也是法治最终能够实现的关键。这或许是法治必须以最严肃的态度对待移民问题的原因。

1　沈联涛：《即将到来的人才战争》，载《财经》2013 年第 33 期。

第四章　个人价值观的竞争与
法治价值观的传播

　　在进化论的视角下看待价值观，会得出的结论是：价值观必定有正确和错误之分；有好的价值观和坏的价值观之分。因为价值观是生存的必须。无论对于群体还是个人来说，选择某种价值观意味着将自己的行为向能实现这种价值观的方向调整；将自己的资源向将要实现的价值观倾斜。而这种行为和资源的调整必定会在现实的世界中产生相应的后果，这些后果差异最终将造成有的价值观获得更大的生存机会；而有些价值观将会遭受不利的影响，最终让信奉这种价值观的人和群体遭受损失甚至毁灭。这些价值观最终将逐渐衰微。因此，长久的生存和繁荣是"正确的"价值观所获得的奖励，也是价值观被接受和奉行的基本动力。我们可以把这一原理称为"价值观生存优势原理"，即：某种价值观的繁荣——也就是某种价值观被更多的人接受并实践——取决于这种价值观是否能够促进该个体或群体的长期生存或繁荣。如果这种价值观能够促进该个体或群体的长期生存或繁荣，那么，相对于那些不能或者难以促进个体或群体的长期生存或繁荣的价值观，这种价值观就有了生存优势，更有可能被树立和传播。例如，中国当代的青年人很难理解为什么老一辈大多节俭成性。老年人对每一件物品都物尽其用，甚至可以称之为吝啬。这种价值观的形成不难理解：在物资匮乏的年代，多一点物资储备，就多了一份生存保障，秉持节俭就是美德价值观的人相对于不实践节俭价值的人自然多了一点生存优势，这一点优势有可能带来的是完全不同的命运。价值观一定要能帮助或者促进个体或者群体的生存与繁荣才有可能被人信奉，而过分节俭的"美德"就因为得到了促进个体生存的"奖励"而成为中国经历过混乱和物资匮乏时代的老年人们普遍接受的价值观。而在基本物质生活资料已经可以轻松得到满足的时代，这种价值观并不会带来更多的优势。相反，绞尽脑汁、挖空心思为一件已经没有多大价值的东西寻找新的用途可能浪费更多时间，而这些时间在市场经济体制下可以用来换取更多的收入，因此，过分节俭浪费的时间和精力可能反而减少了收入，降低了个体的生存优势，这一价值观在中国当代青年中就逐渐失去了市场。

价值观生存优势原理对于我们理解价值观的树立和传播是至关重要的。我们一直以为价值观就是写在墙上的标语，以为只要记熟了社会主义核心价值观是什么就会去实践社会主义核心价值观。这是对价值观的重大误解。价值观并不是科学知识，更是一种实践行动的指南。价值观的传播不是自然科学知识的传播。要理解价值观的传播，我们需要对价值观作进一步的理解。

第一节　价值观并非科学知识

树立法治价值观是我们的目标，而理解价值观和知识之间的差异则需要我们首先理解价值观与自然科学知识的差异。法律人最天真的想法之一大概要数"知法即守法"的知识想象了。这一想象的错误首先在于混淆了法律知识和法治价值观的区别，误以为普通民众知道了更多的法律知识，就会自然而然地产生对法律的敬重，从而尊重法律、实践法律，最终实现法治。这一知识推动行动的因果关系想象造成的结果就是试图通过把每一个人都变成法律专家的方式实现法治。在现实生活中这一想象就变成了铺天盖地的大规模法制宣传活动。但是，知道法律规则不等于尊重法律，更与一个人形成法律至上的法治价值观没有太大关系。这一事实可以从一些具有反讽意味的法律事件中更直观地看到。近年来，打着民事借贷幌子的诈骗犯罪"套路贷"屡见不鲜。这些精通民事借贷规则、诉讼法证据规则和法院审判流程的犯罪分子利用法律规则把法律变成了行凶作恶的工具。这些精通法律规则的诈骗犯生动地展示了法律知识的利用如何与法律追寻的法治价值完全背离。而令人瞠目结舌地把法律知识和法治价值观彻底撕裂的荒唐事件或许是：当年某律师给中小学生开展法治教育讲座，讲授完 14 岁以下未成年人犯罪不负刑事责任的法律规定后，有学生的反应竟然是："原来犯罪要趁早啊！"法律知识在个人价值观引导之下完全可以变成犯罪知识讲座，法律知识和法治价值观之间的差异可见一斑。

事实足以说明：法律知识的多寡跟法律至上的法治价值观的形成没有什么必然联系。以为知道了法律（规则）知识就会遵守甚至尊重法律规则不过是"知识即道德"这一柏拉图式的知识论幻象在法律领域的变种。人们可能喜欢遵守规则——如果遵守规则对自己有利，或者至少对自己无害的话——但恐怕更喜欢利益。人们对自我利益的重要性评估总是轻而易举地超过对其他事物重要性的评价，法律规则这一事物如果不能满足人们更重要的利益，在个人的价值评价中恐怕也难逃被贬低或者异化的命运。知道法律并不一定会尊重法律，知道法律或许只是为了利益，而与对法律的尊敬无关。法律完全可以成为犯罪的有力武器。对于这一点，马里奥·普佐笔下的黑帮小说《教父》(The Godfather)中的老教父维托·考利昂看得很清楚："一个提着公文包的律师所抢到的钱比一千个拿着冲锋枪的强盗抢到的钱还要多。"[1]事实也确实如此，一次成功的"套路贷"诈骗得手的金额绝对要比普通的抢劫多得多。"套路贷"是对黑帮老大的黑色幽默的明证，或许更是对"知法即守法"的法律知识幻象的一剂清醒剂。

其次，这一幻象忽略了价值观传播和实践的独特性——主观性。价值观是个人或者群体依据自身需求对事物与自身关系的判断，是依据事物的重要性对多种价值的排序。但法律规则和每一个人的需求对应与否以及价值排序在很多情况下对于每一个人来说是不一样的。认为某个事物对自己有没有价值以及有多少价值是需要根据个体的需求来确定的。价值判断无法绕过主体性这一关。而个人完全可以依据自身需求和价值排序对法律价值作出南辕北辙的判断。这一点同样可以用日本近年来屡屡发生的老年人犯罪只为入狱养老的事件作为例证。司法部门希望通过宣传普及

1　[美]马里奥·普佐：《教父》(第一部)，魏向辉译，江苏文艺出版社2013年版，第76页。

"抢劫是犯罪"的法律（规则）知识实现减少犯罪、尊重法律的价值目标，不料个人却完全可以对抢劫这种法律对之进行负面价值评价的犯罪行为作出"正面"的价值判断：这是一个解决老年生活困难的"好"办法。除此之外，无处养老的日本老年人们则完全根据自身需要和价值排序来对抢劫的事情进行价值排序，他们的价值观排序与法律试图传递的法律大于个人的价值观排序完全相反。在他们看来：解决老年生活困境问题的重要性（或者说价值）很明显要远远大于尊重法律规则的重要性（或者说价值）。价值观遵循"我的地盘我做主"的主观性。忽略掉价值观主观性，把法律知识当作法律价值观来传播的法律知识／行动理论显然无法解决个体对事物的主观评价的难题，更难以完成传播或者重塑价值观秩序的任务。

如果法律知识并不是法治价值观，法治标语上墙、上电视、上微信，甚至常委会立法都不能在民众心中确立起法治价值观，那么法治价值观和法律知识有什么区别？法治价值观的确立或者改变到底需要什么样的条件？怎样才能真正"树立法治价值观"？这是价值哲学理论必须要回答的现实问题。没有对这些价值哲学基本问题的理解，缺乏对法治价值观的理解的法治宣传恐怕只会继续把价值观当做实验室里的标本进行处理，制造更多知道法律但蔑视法律的"法律知道分子"。

第二节　价值观与自然科学知识的差异

从广义的知识概念来说，知识可以被定义为证实了的真的信念（Knowledge is justified true belief）。[1]法律知识与自然科学知识背后的认知模式一致，都是合格的客观知识。

首先，从认知模式上看，自然科学知识的基本认知模式是发现并描述事物间关系。"水到100度会沸腾"的科学知识描述的是事件（水到100度）如果发生的条件下会发生的另一件事（会沸腾）。而法律知识（以及社会知识）的基本认知模式是与此相同的。"抢劫是犯罪，要判 x 年。"这种知识同样是在试图描述的人类行为（或事件、状态）——抢劫——如果发生的条件下与其他可能会发生的事件（如行为人会被判处刑罚）之间的关系。其间的差异只在于自然科学知识试图描述的是无意志的自然物之间必然发生的关系；而法律知识试图描述的是人类行为及其后果之间关系。这种"因果关系"是人造的，并不具有必然性。抢劫犯可能没有抓到，但这并不影响人们在抢劫和犯罪受处罚之间建立一种看上去类似于因果关系的联系。而从更深层次的认识论来说：自然科学知识只是对事物间关系的猜想，[2]是人在为自然界立法。[3]法律知识是对人类间行为关系的规定，是人在为生活世界立法。这两种知识都是人类试图以因果范畴认知世界的产物。

其次，成为知识的资格或者说能力的核心标志就在于能够预

---

1 胡军：《知识论》，北京大学出版社 2006 年版，第 66 页；Paul K. Moser, Arnold Vander Nat: *Human Knowledge: classical and Contemporary Approaches*. Oxford University Press, 2003。

2 ［英］波普：《猜想与反驳：科学知识的增长》，傅季重等译，上海译文出版社 2005 年版。

3 ［德］康德：《纯粹理性批判》，邓晓芒译，人民出版社 2017 年版。

测未来发生的事件的精确性。知识的三个要素：信念、真实、证明都在此得以体现。自然科学知识可以预测未来同样情形出现时，同样结果会发生。例如，根据万有引力理论，我们可以预期在地球上让一个物体失去支撑，这个物体一定会落向地面。同样，法律知识和社会常识等知识同样可以预期在相同或者类似条件下，他人、社会群体、国家（政府）将会如何与社会中的个体进行互动并会有什么样的事情可能发生。这种人为制造的规则预期虽然不像牛顿运动定理那样可以精确地预测行星轨迹，但也具有足够高的精确度可以大致预测他人、国家的行动及其结果以敷生活之用。把一张百元钞票扔到大街上，虽然不一定找不回来，但 10 次有 9 次找不回来，这个概率已经足够作为不往外扔钞票的理由了；要是被法院定罪，就会被判处刑罚，这些都是可以用知识预测并用事实加以印证的。这些预测模式和自然科学预测模式是一样的，差异仅在于精确度。

最后值得一提的是，法律知识可能是各种社会知识中最具有自然科学知识的统一性和中立性追求的知识。常识可以对于"呆板"的"呆"读成"dāi"还是"ái"一视同仁（现已统一为"dāi"），但法律却试图实现对同样行为的同样理解、同样处理。一个人的行为构不构成抢劫，可能面临着现实生活提出的各种稀奇古怪的边缘情形、模糊情形，但法律却拒绝模糊，试图实现对行为的统一的认识。我国最高法院不断发布的关于如何区分抢劫、抢夺、哄抢等罪名的各种司法解释就是试图在全国范围内实现对同样行为的同样解释，试图实现对行为的统一的"客观认知"。普通法系国家则是通过"遵循先例"的原则来实现对案件事实的统一认识、统一处理。这种"客观"希望实现的目标就是：对行为的认知，在法律管辖范围内，无论换作是谁来作出判断，都会得出相同的结论。这和自然科学知识的普遍性——无论在哪、无论是谁，规律都会起作用，结果都一样的假设是一致的。

因此，法律规则作为一种知识在哲学认识论上与自然科学知识是同构的。二者从本质上来说依靠的都是经验主义的认知模式。这种认知模式认为心灵是一张白纸，实在事物通过经验与认知主体发生联系，就像印章在纸上留下印记（观念或印象），既然认知主体是白纸，[1] 那么主体的差异就可以被忽略。认知的目的就是要达到与个人无关的、普遍的、客观的、必然的和可靠的"客观知识"。[2] 这一认知方式试图拒斥一切超越经验的形而上学和价值理论，试图把一切主观因素排除在认知过程之外（虽然这是不可能的）。

看清楚了自然科学知识背后默认的哲学认知论倾向，价值观和知识的差异就非常明显了。首先，从认知过程来看：价值观是个人或者群体依据自身需求对事物与自身关系的判断。因此，价值认知与自然科学知识认知最大的差异首先体现在：价值认知是把认识的过程指向了自身需求，从自身需求出发，是个体以事物对自身需求的满足的可能性作为标准作出判断。因此，个体或者群体的价值认识并不像科学那样追求客观性、统一性、中立性，价值认知只服从自身需求，根据自身需求对事物满足自身需求的可能性进行判断。

---

1 ［英］洛克：《人类理解论》（上册），关文运译，商务印书馆 1959 年版，第一卷，第二章。

2 ［英］迈克尔·波兰尼：《个人知识：朝向后批判哲学》，徐陶译，上海人民出版社 2017 年版，第 1–2 页。

为了实现需求的满足甚至可以完全忽略真理（如某些宗教对进化论的否认），违背人造事物存在的价值目的（如上文所述的套路贷、入狱养老等情形）。因此，价值认知产生的是一种带有更多主观色彩的知识，这一点与自然科学知识或者社会常识（包括法律知识）认知追求客观性和中立性形成了鲜明的对比。

其次，价值观与自然科学知识的另一个重要差异在于：自然科学知识无法进行比较。爱因斯坦的相对论描述了时空问题的真理，达尔文的进化论描述的是生物演化的真理。真理和真理无法进行比较。（各种真理对于人的价值当然可以比较，但这已经是价值观领域内的问题。）在真理之间进行比较就是在比较两个电话号码的大小一样毫无意义。但价值观却可以进行比较，而且这种重要性之间的比较是价值观最独特的核心内容。对事物对于个体或者群体的重要性评估，实际上就是在两种以上有价值的事物间进行比较和排序。正如前文所述：这种以重要性为标准进行的比较和排序形成的观念也是价值观。这种比较的结果是形成一种价值秩序。如"法治比人治好""自由比法治更重要""不孝有三，无后为大"等排序判断表述的就是这种价值观。

在很大程度上，这种价值重要性比较或者价值排序甚至比某个事物是否具有价值的价值判断更重要。知道抢劫是法律禁止的坏事并不难（这是知道法律知识的问题），形成"犯罪是错误的"价值观念也不难，但"法律的尊严和自己的养老问题哪个更重要（更有价值）？"是开始在不同的价值之间进行比较和排序。在这个价值观问题的判断上，个人基于自我利益而接受的价值排序（价值观）就有可能与国家或社会宣扬的价值排序（价值观）产生差异。即使行为人已经接受了"犯罪是错误的"这一价值观，这一价值观也因为排序靠后——或者说，在价值观序列中被评价为不重要——而被放弃。最终，推动行为人行动的是个体或者群体对事物重要性的价值判断。

现在，我们可以明确"树立和实践法治价值观"的确切含义是什么了。由于价值观包含了两个维度，所以，"树立和实践一种价值观"实际上包含着两个方面的内容：

1. 让个体或者群体形成对法治这一事物满足自身需要的可能性的认识，或者说，接受"法律是个好东西"的观念；

2. 让个体或者群体接受一种特定的价值秩序：在众多有价值的事物中，法律这种事物必须要有足够的重要性。不到万不得已，绝不应该牺牲对法律规则的尊重——这是法治的最基本要求之一——去换取其他价值的实现。而这两个观念都不是"法律规定是什么"的法律知识，而是一种必须要由个人或者群体在社会实践中作出的价值判断。

由于价值观的主体性特征，价值观是无法被强迫的，价值观只能由个体或者群体在社会实践中被体认，然后在体认中被接受。于是，如何"树立和实践法治价值观"问题就转化为：如何让个体和群体在实践中真真切切能够用自身经验去完成"法律是个好东西"和"法治比××更重要"这两个价值认知的问题。

第三节　价值观生存优势原理

人们为什么应当树立"正确"的价值观？——答案很简单，

因为价值观事关兴衰成败，生死存亡。奉行正确的价值观会有巨大的回报，选择错误的价值观只有死路一条。对事物的价值的正确认知（价值观）和对事物的性质认识（知识）对于个人或者社会群体的成败甚至存亡来说都是至关重要的事情。价值观的错误导致个人错误地把时间和精力花费在没有价值的事物上带来的后果可能仅仅是荒废时光，丧失一些个人发展的关键机会。最终，如果足够幸运的话，个人会对事物的价值有一个正确的认识（价值观）。例如，未成年人在各种多巴胺和荷尔蒙的刺激下可能会认为文凭并不重要，"做人呐，最要紧的是开心"。在荒废了学业，挨了社会毒打之后，才明白文凭相对于游戏来说更重要。这种价值观最终是他自己在社会生活中体会到的。而这种正确的价值观在成年人的世界中很普遍，较少是因为师长的耳提面命，更多的是因为社会生活的确让有更好的文凭的人获得了更大的生存优势。

而对于社会群体或者国家而言同样如此。错误的价值观将会影响一个群体甚至国家的命运。中国在 20 世纪 50—60 年代"以阶级斗争为纲"的价值观和社会实践几乎把国家带到了崩溃的边缘，而邓小平提出的"以经济建设为中心""发展才是硬道理"的理论和改革开放实践从价值哲学的角度来看就是重新调整了国家错误的价值观：把人民物质生活水平的重要性放到了阶级斗争之前。中国这次价值观的调整彻底改变了十几亿中国人的命运，奠定了国家强盛的基础。"市场经济是有价值的。"这一价值观同样也是中国人民用切肤之痛换来的。从价值观与个体或者集体的关系来说，价值观比自然科学知识更加贴近个体或者集体的生活和历史记忆，更加具有个人和历史文化的独特性。这一点与自然科学知识形成了鲜明的对比。牛顿三定律无论到哪个国家都是一样。

价值观正确与否与兴衰成败密切相关的原因首先在于人类生活冰冷的现实——资源永远是有限的。如果人类手中的资源是无穷无尽的，可以满足人类无限的需要，那么就根本不需要价值观这种依据重要性为事物排序的认知手段，因为资源无穷无尽，所有的价值需求都可以得到满足，也就无需辨识和区分哪些需求更重要。只有在资源有限，只能满足部分价值需求的条件下，才有必要确定哪一种价值需要更重要，更值得耗费有限的资源去实现这种价值。价值观决定了有限的资源的分配，而资源的错误配置带来的危害后果丝毫不亚于对事物的性质的错误认知带来的危害后果。从这个角度来看，价值观是有正确与错误之分的。正确的价值观首先就是能够合理确定各种价值的重要性，合理地分配有限资源以满足各种价值需求的价值观。

价值观正确与否决定兴衰成败的第二个原因在于价值观之间的竞争。奉行不同价值观的人们实践着不同的生活方式。但不同生活方式以及支撑这些生活方式的价值观适应环境和开展竞争的能力是不同的。并不是所有的价值观都能经受得住残酷的生存竞争的考验。任何群体想要存继，就必须否定和对抗那些自我毁灭的价值观，发展适合环境和有竞争能力的价值观。价值相对主义想象中的价值观的自由在现实生活中是有限度的。价值观在理论上的无限可能性并不会全部转化为现实可能性。生物进化是一个残酷的过程，价值观之间的竞争也是如此。南太平洋东部的复活节岛曾经有很丰富的水资源，植被也很充裕，富饶的火山支持了

茂密的智利酒椰子树林的生长。波利尼西亚人把复活节岛称作
"Rapa Nui"。大约在公元 5 世纪时，来自马克萨斯群岛和甘比尔群
岛的波利尼西亚移民开始进驻并生活于此。定居后的五六个世纪，
岛上的居民已经增长到了大约 1 万人。如同其他岛屿上的波利尼
西亚人一样，每一个氏族都开始建造宏大的石像以纪念其祖先。
这些石像的毛石来自火珊瑚的凝灰质，然后被放置到海岸边的平
台上。随着时间的推移，石像崇拜变得越来越具有竞争性，也越
来越奢侈。每一代人制造的石像都要比上一代人的更大，需要消
耗更多的柚木和绳索。树木被砍的速度超过了成长的速度。到公
元 1400 年的时候，在火山湖里按年累积的化石基层中，已经再也
找不到花粉的踪迹。最终岛上所有的树木都被砍伐殆尽。[1]整个岛
屿陷入了生存危机，最后岛上居民只剩下了几百人，法国传教士
踏上复活节岛，轻而易举地就把灾难中的幸存者都改造成了基督
徒，同时也彻底地消灭了岛上的文化以及这种文化发展起来的不
惜一切代价崇拜领袖和祖先的岛民价值观。历史最终消灭了那些
无法与自然环境达成平衡的价值观。幸存者都是明白维护最低限
度的自然环境的价值的人类群体。

　　因此，价值观生存优势原理决定了某种价值观的流行在很大
程度上是竞争的结果，并且，与自然选择相似，这种竞争一定是
长时段的竞争。因为，短时间内，错误的价值观由于机缘巧合，
也有机会传播下去。只有在足够长的时间内，才有可能经受住真

1　［英］罗纳德・莱特：《极简进步史》，北京时代华文书局 2017 年版，第
　　76 页。

正的考验。一个信奉遵纪守法、清廉勤政的大学毕业生在拉帮结派、溜须拍马、贪污贿赂成风的环境中顺风而行转变自己的价值观，形成"权力是皇帝，法律算狗屁"的价值观可能会得到更大的经济利益回报，而相信道德自律的人处处受到排挤打压，得到的回报可能仅仅是自己内心的安宁。在这种情形下，信奉并实践权力至上、"有权不用，过期作废"的价值观就更容易获得"奖励"，从而将单位或者地方政治生态彻底破坏。然而，这种价值观是自我毁灭的价值观，无法长久持续。奉行这些自我毁灭的价值观的个人和社会团体最终会失去竞争能力而走向衰败。中国东北部某些奉行官本位、权力至上价值观的地区这些年走向衰败和这种价值观的实践是有关联的。这是对这些奉行"权力至上"这种自我毁灭的价值观的个人和群体的"错误的"价值观的"惩罚"。最终能够长久传播的必定是那些可以维系长时间和大规模合作的价值观：公平、正义、法治等等。

第四节　如何树立一种价值观？（一）——以法治为例

法治价值观如果想要成为一种被个人、群体和国家信奉的价值观，必须给信奉法治的个人、群体和国家带来足够的生存优势：也就是说，必须能够让信奉和实践法律至上价值观的个人、群体和国家比不信奉法律至上价值观的个人、群体和国家有更大的生存优势。在国家层面，接受法治是一种有利于自身发展的价值观并不难。从事实来说，世界强国、富国基本都是法治国家。联合国的世界发展指数和法治指数高度相关，法治状况更好的国家各个方面发展都居于世界前列。[1] 从利益来说，稳定的法律制度是吸引世界投资发展自身的必要条件，也是开展国际合作的基本前提。从管理大规模现代国家的成本来说，法治是唯一可行的"以在一定程度上牺牲实质正义为代价，把追求实质正义的制度成本控制在合理限度之内"的方法。[2] 这些都是很容易就能发现的国家实施法治的优势。再加上中国社会本身经历过无法无天的时代，对法治阙如的痛苦记忆犹新，理解和接受法治价值观并实践依法治国对于国家而言是顺理成章的事。

但是，树立法治价值观的难点在于个人：如何让信奉法律的人在现实生活中体现出生存优势？这是树立法治价值观的第一个核心问题。对于个人来说，接受某种价值观更多的是因为社会实践奖励了实行这种价值观的个人。因此，价值观是"奖励"出来的。宣传部门可以把依法治国、相信法律写满大街小巷，但现实生活中因为制度设计的偏差导致上访比法律更有效率、更能解决问题时，这就是在"奖励"那些信奉"信访不信法"价值观的个人，而在"惩罚"或者说"淘汰"那些信奉"信法不信访"价值观的个人。长此以往，最终结果就和自然界的生物竞争的结果一样：优胜劣汰。信奉和实践"正确"的价值观的个人和群体将会淘汰掉那些信奉和实践"错误"价值观的个人或群体。

因此，要想让法治价值观成为行动的指引，需要制造或者改变的是价值观的生存环境。只有让信奉法治价值观的个体从实践

1　李锦辉：《法治有多贵？法治与人均国民收入关系的相关性考察与反思》，载《学术论坛》2015 年第 9 期。

2　桑本谦：《法理学主题的经济学重述》，载《法商研究》2011 年第 2 期。

法律规范的生活中获得了足够多的价值满足，得到了足够多的"奖励"，法治价值观才有可能作为一种优势价值观被接受。这就要求：法治价值观的树立需要使"依法生活"成为一种具有生存优势的生活方式。

法治价值观首先要成为一种能够帮助个人和群体获得生存优势的生活方式：首先意味着，遵守法律、服从法律要能够带给行为人足够多的利益和好处，而且这些利益和好处要多过不服从法律。这就对法律规则体系提出了两点要求：一是广，二是信。

所谓"广"，首先指的是法律分配的利益，尤其是基本利益要足以覆盖到人类生活的重要方面，如果只覆盖了一部分关键事物，其他同样足够重要甚至更重要的事物法律没有覆盖的话，人们就不会重视法律的价值。假如一个社会没有刑事法律，基本利益受到侵犯也只能自己寻求保护，那么人们恐怕会更重视能够对自己的基本利益提供保护的人或群体，更愿意遵守能够对自己提供基本生存利益保护的人或群体的规则。一个拒绝为基本的生命价值提供保护的社会群体是不可能生存的，拒绝满足人们这些基本价值需求的法律也不可能获得尊重。现存人类社会所有的群体之中都能发现对谋杀、故意伤害、侵犯他人财产等行为的禁止，这些普天之下皆有所在的"法律"制度（此处的法律用的是法社会学概念意义上的广义的法律：能够被某群体成员认可并强制执行的规则都可以称为法律，不管有没有文字记述。）都旨在保护个人生存及生存不得不依靠的物质安全等基本价值。这些基本价值构成了法律最基本的道德要求，法律如果连这些基本价值需求都无法满足将会失去信众，更遑论加以实践。

而更进一步的更具有价值吸引力的"广"，则是指法律能够维护更多的价值，让人对价值的需求能得到更高层次的满足。马斯洛的人的价值需求层级理论把人的基本需要分为5个层级，从低到高分别是：生理需求、安全需求、社交需求、尊重需求和最高层级的自我实现的需求（参见马斯洛）。一种法律制度如果不仅能满足人的基本需求，还能满足人的更高层级的需求自然更具有吸引力，更有价值。中国目前是世界第二大经济体，但同时却是移民大国，大多数移民并不是为了传说中的民主，而只是为了更好的环境、食品安全、子女教育等稍微高于生存的价值目标。能够更好地实现这些价值目标的小国家吸引了大批世界第二大经济体的中产移民。移民问题背后的价值观问题是值得我们反思的。

而法治价值观能够成功树立的第二点要求是"信"。这甚至是关乎法律之为法律的决定性要素，也是法治价值观念想要确立的核心要求。所谓"信"首先是指法律必须有足够的执行力，也就是"法律是有牙齿的"。[1]一种写在书面上却没有执行的法律只是一纸空文，没有人会相信并尊重这些废纸。价值观是实践的产物，实践的最基本特征是面向真实世界的，而实践法律的民众价值观更是实用主义的，他们可能根本不在乎为自己提供服务的是行政机关还是法院，正在进行的程序是调解还是审判，只在乎自己的利益有没有得到实现。一种没有办法解决现实问题的权利宣誓根本无法赢得尊重。索马里也有法律，但谁会相信一个自身难保的

1　［美］霍贝尔：《原始人的法：法律的动态比较研究》，严存生等译，法律出版社2012年版，第3页。

"政府"有能力去实施这些法律。这种没有可信度的法律又怎么可能获得个人的价值认可？相反，战国时代的商鞅之法，虽被儒家从道德上批评得体无完肤，但商鞅制定的法律赏罚分明、有令必行，可信度极高。秦国民众对法律的信任无以复加，以至于商鞅最后逃亡时因为没有官方证件，旅店因惧怕法律不敢接待。法律能够获得民众完全信任，民众遵从法律生活就能获益良多（"富贵之门，必出于兵""彼能战者，践富贵之门"），贪生怕死的小民百姓改变价值观，摇身一变成了骁勇的斗士（"民闻战而相贺也""民之见战也，如饿狼之见肉"），法律最终帮助造就了一个武功盖世的强大的秦帝国，这种"改造价值观""依法治国"，平定天下的策略何以成功是值得现代法学家超越儒家的道德谩骂去深思的。

第五节　如何树立一种价值观？（二）
——好生活才有好法律

树立和传播一种价值观的最大难点在于价值观的排序问题，即：让个体或者群体接受一种特定的价值排序这一问题。人们不会因为某种事物"好"就会去追求这一事物。世界上有价值的东西很多，人们的能力和精力却不多，只有"最好"、最有价值的事物才值得人们去追求。豪华的北极游很好，这是价值观判定的问题，很容易得出结论；但值不值得用可以报十个辅导班的钱去享受这个假期则是价值观排序的问题。在鱼和熊掌不可兼得的情况下，价值排序会决定行为的选择。最终，在中国父母看来，短时间的放松从长期来看价值要低于长期智力投资回报——所以，放弃北极游。

同样的道理，人们在很多情况下选择违反法律并不是因为不知道自己的行为是违反法律的，也不是不知道违反法律是错误的，而是因为在自己的价值排序中，自己行为的后果带来的价值收益要大于遵守法律的价值。这种价值判断的本质是基于个人价值需求对价值冲突作出的判断。因此，树立和传播法治价值观就是要树立在尊重法律的价值和其他价值发生冲突的时候，尊重法律的价值要大于违反法律的价值这一价值秩序观。

问题的困难就在于：如何能够保证在所有的价值冲突中，维护法律的价值必定会大于违反法律能实现的价值？我们能不能找到一种方法，让尊重法律、遵守规则在任何情况下都是最重要的价值，永远把法律的重要性放在其他任何价值之上？

答案是否定的。首先，我们不得不承认：在所有语境中都做到遵守法律规则是不可能实现的梦想。法律是理性的产物，但人不会在任何状态下都是理性的。冲动、愤怒是人的本能，人们不会在任何情况下首先考虑到的都是法律。人类要是永远都是理性的可能也就不需要法律了。这是法律无法被无条件地尊重的人性的原因。

其次，法律并不是人类生活的全部。人类创造法律是为了更好的生活，而不是为了法律创造出生活。这意味着法律之治在人类的价值观体系中虽然很重要，但并没有很多法学家们想象的那么唯我独尊。在人和人类社会追寻的各种价值目标中，法律统治只是一个手段性、阶段性的价值工具。法律和法治的价值最终要依靠法律能够帮助实现的其他更高价值来论证。而这些更高层级的价值，例如生存、自由、平等、正义等才是法律的合法性的终极价值来源。法律如果与这些更高层级的价值观发生冲突将会失去合法性，法治如果不能维护这些更高层级的价值观将会失去价值。这是法律经常被违反的价值论原因。

对于法律被违反的人性的原因，法律所能做的不多。但对于法律经常被违反的价值论原因，法律可以有较大的调整空间。而树立法治价值观对法律所提出的要求是：减少法治价值与其他价值的对抗，或者说，法治价值观要想成为能够决定人们行动的价值观，必须要明白自己在人类价值观体系中的价值位阶：法律不能违反上位价值观。

法律应该在权力之上，这是法治的精髓，也是法治备受赞扬的地方，但法律至上（说白了是置于权力之上）绝不意味着法律和法治超越一切价值之上。人们试图用法律去驯服权力，但驯服权力并不是人类生活的全部；驯服权力只是为了秩序，为了创造追求其他价值的条件。容易被人们忽略的一点是：人类限制权力并不是为了消灭权力，人们限制住权力的同时还想用权力去实现和平、富强、正义、自由、公平等价值目标。没有和平、富强、正义、自由、公平价值的一堆法律规则即使能执行又有什么价值？放弃对这些价值目标的追求就等于放弃了有价值的人类生活，而这些价值目标在个人生活的价值排序中比法治要重要许多。法治限制住了权力，只是保证了人的生活不会变得最坏，但不是最坏并不意味着就是好。好生活是要靠和平、富强、正义、自由、公平等价值来填充的。把法律规则看成超越一切的圣物，以为法律规则之治的价值目标高于一切价值目标，鼓动人们以宗教信仰般的虔诚来无条件地信奉"法律必须被信仰"，实在是法学家们的自我陶醉。

亚里士多德将法治定义为"制定得良好的法律被普遍服从"。其中，制定得良好就是对法律的道德品质要求或者说质量要求，也是法律获得服从的前提条件。法律规则体系如果违反了这些对法律规则的品质要求将失去价值支撑。假如法律损害了公正这一更高价值，那么法律恐怕只会变成一种人们避之不及的东西。人们对这种法律只会有厌恶，怎么会尊重这种法律？纳粹德国时期各种歧视犹太人的法律出台，犹太人除了逃离还会怎样？古希腊哲学家苏格拉底被愤怒的民众判处死刑而没有选择逃跑，那是因为他认为履行与城邦达成的协议比自己的生命更重要，而不是因为相信法律对他的判决是公正的（参见柏拉图）。法律之上还有正义，还有对城邦的责任。他对雅典民众大会判决正义性的否认实质上就是对没有践行正义价值的法律的蔑视。二战后对纳粹战犯的审判被很多人解读为用自然正义否定了纳粹法律的合法性，而自然正义基本内容不就是一些公认的价值：生命、自由、平等等基本价值，这就是在公开宣称：基本价值高于法律规则。而恶法非法的论证本质上就是认可生命、自由、平等等价值要高于拒绝这些价值的法律，认可法律必须要满足这些更高层次的价值要求否则就没有资格被称之为法律——这就是一种价值观。

因此，树立法治价值观对法律的道德属性提出了要求：法律如果想获得尊重，法治想要被奉行，就必须要充分地回应个体和大众的价值需求，减少和其他价值的对抗，尽可能地成为帮助实现更多个体和群体价值的工具。这意味着法律应当充分考虑各种价值观的需要，设计有利于各种价值观实现的制度，使法律成为价值观的守护人。例如，对于"友善"这种价值观，法律可以通过制度设计鼓励人们去帮助需要的陌生人——如需要帮扶的摔倒老人。为了防止诬告、错告，鼓励人们践行友善价值观，大胆帮扶需要帮扶的人，法律可以规定在受帮扶者要求帮扶者赔偿的情形下，由受帮扶者承担举证责任。这样的制度设计将大大有助于帮扶者自我防卫，[1] 在最坏的情况下都有助于人们伸出援手。而对于"诚信"这一价值，法律简直就是实现诚信价值观的不二法门，法律通过对不诚信行为的打击，极大地鼓励了诚信行为，"淘汰"了不诚信行为，使得诚信越来越成为一种有利于个体生存的优势行为。

另一方面，各种价值观的实现对于法治价值的实现也是至关重要的，或者说其他价值观的实现也有助于法治价值观的实现，例如富强。法治，尤其是现代法治的实施是需要大量的财富作为支撑的。没有富强的现代国家，没有庞大的税收基础，没有高效有序的法律组织机构，法律根本无法得以实施，法律所要保护的公民权利就是一纸空文。财产权依赖于一个乐于征税和花钱的政府。[2] 因此，"富强"这一价值在现代社会实际上是法治这一价值得以实施的物质保障，从这一角度来说，是富强为法治奠定了物质基础。而民主和自由、平等等价值一样，它们的实现将极大地增加法律的合法性。而合法性的增强将大大有助于人们对法律的

1　桑本谦：《利他主义救助的法律干预》，载《中国社会科学》2012 年第 10 期。

2　［美］史蒂芬·霍尔姆斯，凯斯·R. 桑斯坦，《权利的成本——为什么自由依赖于税》，毕竞悦译，北京大学出版社 2004 年版，第 41 页。

尊重。

说到底，我们要面对这个令某些法学家们不快的事实：和生活中其他重要的价值相比，法律其实并没有那么重要。对于个人来说尤其如此，指望每一个人把遵守法律当作自己生活的最高价值目标是不现实的。在现代法律仅仅是最低限度的道德要求的情况下，人们不会仅仅因为遵守法律的要求，没有违法犯罪就认为自己走上了人生巅峰，实现了人生价值。包括法律在内的一切人造事物都是人类为了自己的生活制造的。而生活的价值不仅仅在于遵守法律，更在于实现自由、幸福等法律无法定义的价值。生活中有太多比遵守法律重要得多的事情。很多父母怀抱着新生的婴儿欣喜若狂，但有几个人会为了《大气污染防治法》的颁布热泪盈眶？同性恋者或许会因为国家准许同性婚姻而手舞足蹈，更增加了对法律的热爱，但那是因为法律帮助他们实现了个人幸福的价值目标，而不是法律颁布本身让他们感到幸福。因此，法律要想获得尊重，在价值冲突时赢得胜利，只有永远不要忘记自己的价值目标：帮助人们实现美好生活，因为，只有美好生活是不可放弃的。

第五章　法治的好坏如何比较?

　　元价值观的存在实际上给一个纷争不休的问题画上了句号。这个问题就是:法律之间能比较优劣吗?答案是:可以。法律本身就包含着价值观。法律本身就是为了实现人类的合作而出现的。因此,对这个内在价值尺度——人类合作程度的衡量,在很大程度上就可以测量出一种法律的优良程度。好的法律,自然是能够大范围、长时间地实现人类之间的合作的法律。相应的,这种能够在大范围、长时间内促进和推动人类合作的法律就是优良的法律;反之,最终导致合作的瓦解,甚至人类群体分离对抗的法律则是在评判法律价值高低的得分尺的另一端。在合作这一元价值指引之下,一些有利于促进合作的价值如公平、正义、平等这些可以促进人类合作的价值可以看作是合作这一元价值的进一步细化;在现实生活中,公平、正义、平等等价值又可以具体细化为司法机构是否容易接近;法律是否公开透明;公务机关效率如何等等。这些进一步细化的问题在很大程度上就可以量化并加以衡量。实际上,通过这种层层细分的方式,就形成了从细节上可以衡量法律状况好坏的"法治指数"。西方发明的法治指数是对主观主义价值哲学的否定,也是一种有一定参考价值的价值观优劣衡量手段，但在元价值哲学的标准下，过分迷恋选举民主的西式"法治指数"并不令人满意，还可以进一步加以改进。

第一节　价值观可以衡量

对价值观是否可以衡量的怀疑首先认为：价值观之间是不可以比较的，所有的价值都是平等的。按照这一价值主观主义的说法：一部允许随意杀人放火的法律和一部为了维护生命财产健康禁止杀人放火的法律没有什么差别。因为价值观的不可比较性，所以价值观无法衡量。

这一价值主观主义的论断是错误的。理由已经在本书的前述部分做过了相关论述。简单说来，对价值主观主义的反驳理由是：

1. 价值观可以想象，但价值观必须要在现实生活中接受检验。一个人可以认为自己是世界上最尊贵的人，走到哪里都应当受到国王般的礼遇。但现实世界很快就会教他如何做人。对于价值观来说，最大的生存威胁来自不同价值观的竞争。在现实世界有意义的价值观都是经过不同的个体和群体之间的竞争残酷筛选的。纳粹德国的德意志民族天下第一的价值观轰轰烈烈闹了几十年，最终也成为伪科学的佐证史料。能够流传至今的价值观是《联合国人权宣言》中的那些普遍适用的价值观，如和平、平等、自由、法治、公平等。这些价值观从汉谟拉比的时代就开始被不同人类社会群体接受，这些久经考验的价值观之所以能够长盛不衰，是因为他们能够促进人类的合作，而合作的人类群体才可能在一次一次的残酷竞争中击败秉持让合作难以为继的价值观的群体，让自己的价值观流传至今。而对于个体来说，友善、谦虚、勤奋等价值观才是能够促进个人与他人合作的价值观，只有这些价值观才能帮助个人在社会中更好的生存下来，而人类与生俱来的唯我独尊、自私自利等价值观最终会在竞争过程中败下阵来，让位给从《圣经》《论语》到《培根论说文集》中一直提到的诸种美德。《红与黑》中的于连的野心和冷酷最终引着他走向了断头台。而以天下为己任、胸怀中国人民、百折不挠、顽强不屈的毛泽东最终经过一次次的打击，成了现代中国的领航人。美德的竞争最终导致拥有美德的人成功以及美德价值观的成功。

2. 人类都来源于同样的祖先：起源于非洲的智人。虽然在适应不同的环境过程中形成了不少价值观上的差异，但人类在价值观上的共同之处远远超过了不同之处。劳伦斯·哈里森列出了人类绝大多数都会同意的价值观：

活着比死了好。

健康比疾病好。

自由比受奴役好。

富裕比贫穷好。

教育比无知好。

正义比非正义好。[1]

1　［美］塞缪尔·亨廷顿和劳伦斯·哈里森主编：《文化的重要作用》，新华出版社 2010 年版，第 35 页。

在这些基本命题价值观上，不同人类社会群体之间的差别要小得多。人类学家只看见人类社会种种奇风异俗，以为这种差别无限延伸。但实际情况是，人类只是在适应自然环境时有些差异，但在这些差异背后所要实现的价值目标上差异要小得多。例如，婚姻制度千差万别：一夫一妻制，一夫多妻，一妻多夫，不嫁不娶的走婚……但这林林总总的婚姻制度都是为了调整女性生育资源的应用。无论哪一种婚姻制度都不会认为不让女性生育是件有价值的事情。

心理学家更是在全球范围内做过广泛的调查，发现属于不同种族和文化的人们在判断什么是漂亮时有显而易见的相似之处。[1] 人类对于什么是美的感知根本没有多大差异，人们可能对苏菲·玛索和周慧敏谁更漂亮发生争执。但却忘了人们争论谁"更漂亮"时有着相同的前提：两个人都很漂亮。价值相对论者只看到了争论，却忽略了争论之前的相同的价值共识。

3. 从法律内在的价值目标来说，法律作为一种人造之物，必定蕴含让其成为法律的价值目标。这是人造之物必定不可缺少的部分。一个杯子，只有能够装水，我们才会把它叫作一个杯子。无法实现这一目标的一个物体——例如一块石头——因为其不能实现装水的价值目标，我们是不会将其称为一个合格的杯子的。而一块石头，如果能在上面挖个小坑，勉勉强强可以装一点水，我们会勉强可以承认这块石头是一个杯子。但这是一个好杯子

1　［美］南茜·埃特考夫：《漂亮者生存》，盛海燕、刘雪芹等译，中国友谊出版公司2000年版，第175页。

吗? 明显不是。如果有一个塑料杯子,装水容量大,保温,便于携带,这从人类制造杯子本身的目的来评价,肯定是一个"更好"的杯子。

与此类似,法律之所以被人类创造出来就是为了实现人类合作的价值,而和平、秩序、正义等低位阶的价值可以更好地帮助实现这一目的,那么,能够更好地实现促进人类合作的法律自然就是"更好"的法律。人类制造法律不可能是为了混乱、为了不公正、为了毁灭社会自身——要实现这些目的最好的做法就是不要法律。所以,法律从自身的内在价值目标来说,必定是蕴含着可以衡量的价值目标。

以"世界正义工程"的"法治"工作为例。经过与100多个国家的17个专业领域的领导、专家、学者、普通工作人员的长期考察研讨,"世界正义工程"提出了为各国普遍接受的4项基本原则: 政府及其官员均受法律约束; 法律应当明确、公开、稳定、公正,并保护包括人身和财产安全在内的各项基本权利; 法律的颁布、管理和执行程序应公开、公平、高效; 司法职业担纲者应由德才兼备、独立自主的法官、律师和司法人员组成,这些人员应数量充足、资源充沛并具有一定代表性。[1] 这个法治定义中,各项法治标准可以说具有相当广泛的价值共识,并且可以以不同的方式加以实现。世界各国的宪法中基本都可以或多或少地找到这些价值标准的类似表述。这些表述在各国宪法中的出现只不过证明法治的共同标准是可能的。

---

1 鲁楠:《世界法治指数的缘起与流变》,载《环球法律评论》2014年第4期。

第二节　大规模合作社会的法治价值观必然是更好的

　　法律好坏和法治水平的衡量经常面临着的另一个指控是：法治指数实际上内在地偏向于西方发达法治国家的法治标准。实际上不可能做到完全公正地对待每一种与其有价值交集但又有差异的法治。或者说，西方国家的法治指数实际上反映了一种文化偏见。

　　例如，由"世界正义工程"提出并完善的具有全球影响力"法治指数"体系共分为 4 组，共 16 个一级指数和 68 个二级指数：第一组指数强调法治的宪法化和制度化，以保证权力受到约束；第二组指数侧重法治是否以公正、公开和稳定的立法体系为基础；第三组指数强调法治在中立司法过程中的公开、公平与高效性；第四组指数强调法治需以独立自治、德才兼备的法律共同体为保障。第 13 个一级指数"司法制度应高效、开放且有效"下辖的 8 个二级指数：（1）检察官、法官和司法工作者应德才兼备、训练有素，且数量充足、装备精良；（2）不得无故延误司法程序与判决执行；（3）法律应对违法行为造成的后果提供及时有效的救济，进一步防止违法行为的发生；（4）法院具备良好的办公条件，设置在交通便利、安全可靠的地区；（5）检察官、法官或其他司法工作者，不应向寻求司法救济的当事人收取过高费用或其他财物；（6）不应对司法诉求设置不当障碍；（7）身心有残障的刑事被告人，应获得必要的法律援助、辅导服务及其他帮助，方便其更充分地参与刑事辩护；（8）法庭应为有需求的刑事被告人提供准确的翻译服务，方便其与法庭之间能够准确地互相理解。[1] 在评估一国法治水平时，这 8 个二级指数当然是重要的，但这 8 个指数几乎每一个都需要大量的财力支持，据此经济发达的国家才更有条件实现"高效、开放且有效"的司法制度，进而得到较高评分。用选美来做比喻，就意味着这个法治指数其实从一开始就不承认法治可以"环肥燕瘦"，主张只有"（有钱的法治）肥的才是美的"。[2] 或者说，这一法治指数实际上是对经济落后国家歧视，因为这些国家由于经济落后，在司法公正投入上不足的可能性较大，在此项指标上得分较低的可能性较大。

　　这一指控实际上是不能成立的。的确，世界上存在着许多与现代法治体系大相迥异的社会群体。在这些小规模的社会群体中，成文化、系统化的法律规则体系是极其罕见的。大部分的前工业体系国家和社会群体更多的是采用非成文、非正式规则解决纠纷和争端。这些没有被现代工业社会浸染过的社会群体在法治价值观指数上的得分必定不会太高。小规模社会解决纠纷更注重个体性的方式，与现代法律体系的僵化相比，或许在某些方面更具有优势。如果世界还是前现代工业体系的样貌，或许，这种对现代法治价值评估体系的指责就是合理的。但是，事实是，人类社会的大部分人口已经生活在工业化体系之中，生活在了全球化时代。也只有现代工业体系和现代科学技术能够养活如此众多的人口。也只有现代法律体系和地球上最多的人口的命运相关，关注现代

1　孟涛：《WJP 法治指数的评价体系与缺陷》，载《中国社会科学报》2014年 7 月 23 日第 7 版。

2　陈林林：《法治指数中的认真与戏谑》，载《浙江社会科学》2013年第 6 期。

法律体系是必然的。也只有经过几百年发展的法律制度和体系才能够解决现代社会生活面临的复杂问题。丛林中的布须曼人的不成文法无法解决股票市场欺诈的问题。布须曼人的法律也只有维系几百个部落成员合作的能力。他们简陋的法律体系是无法胜任复杂的现代社会的。

另一方面，丛林中的正义比现代官僚体系的复杂繁琐更好也只是一个浪漫的幻想。丛林生活和乡村生活要是真的能在价值观的满足上全面赶超城市和工业化生活，地球上也就不会有那么多人从乡村流动到城市。人类学家们进一步发现，前工业社会的犯罪率、非正常死亡率等指标实际上远远超过普通现代工业社会国家。因纽特人的平均寿命比加拿大人的平均寿命短 12 至 15 岁，其谋杀率和意外死亡率都是现代社会的数倍。[1] 亚马逊丛林部落的家族仇杀使得该地区女性一生结婚数次是很正常的事情。而现代社会的法律虽然复杂，却能保证更多的人的生命安全，提供更好的医疗、健康服务，提供更好的工作机会和更高层次价值满足的机会。现代法律体系很明显在人类价值观满足的各个方面都全面碾压丛林正义。对其更加关注岂不是应有之义？而不花钱的丛林正义虽然独特，但独特并不是人们创造法律的原因。一种事物好不好也不是因为这种事物的独特性。

从元价值的角度来说，现代法律体系能成功地实现几亿人，甚至十几亿人的合作，表明其在促进人类合作方面是无与伦比的。

---

1 ［美］霍贝尔：《原始人的法》，严存生等译，法律出版社 2012 年版，第 55-68 页。

价值观是要经过竞争才有资格生存的。全球几十亿人选择了生活在更加复杂的法律体系之内，实际上已经是现代法律体系完胜丛林正义的铁证。丛林正义再浪漫，也无法掩盖其人均寿命低、健康水平及人类发展各项指标远远低于现代工业社会的事实。带着小资产阶级感时伤怀的浪漫去否定让更多人接受的现代法律价值体系是一种过时的怀旧癖而已。

第三节　价值观实现程度的衡量可以有差异

当然，以上论述并不会否认法治指数自身存在的天然缺陷：法治指数并不能完全解决价值冲突问题。即使我们能就法治指数应当包含的内容达成一致（实际是就法治应该追求的价值目标达成一致），我们也很难对这些内容之间的重要性达成一致。例如，一个更加重视秩序的社会（如日本）和一个更加重视个人自由的社会（如西欧国家）就很有可能对法治指数中保障秩序和保障自由的社会制度赋予不同的权重值。更加重视秩序的社会可能会赋予保障社会秩序的诸种制度设计更多的分值，哪怕这种制度设计在一定程度上妨碍了个人自由；反之，更加重视个人自由的社会则可能会赋予能够保障自由的社会制度以更大的权重分值。由此，不同的法治指数构成将会有可能导致差异较大的评价结果。

但是，这一缺陷并不是致命缺陷，也不是否认法治指数这一测量工具的理由。首先，不同的法治指数其实是在不同的价值观下评价某个特定社会的不同角度。就像不同的画匠画同一个物体，不同的角度可能会画出不同的效果。但这并不意味着这个被描述的物体是完全不同的两个物体。而只是意味着，从一个角度看过去，在这个视角看到某个部分多一些，从另一个角度看过去则看到另一个部分多一些而已。视角之间的差异并不会相互否认其他视角观测的有效性。设计较为合理的法治指数虽然有差异，但应该体现出一致性。一些世界著名的法治指数就很好地体现了这种一致性。例如新加坡在透明国际的清廉印象指数和世界正义工程法治指数的得分始终在前 10 名左右，在世界银行法治指数排名也大致相同。虽然大部分国家在这三份指数排名上的位置会有变动，但排序区域基本固定。这就展现了设计较为科学合理的指数相对稳定的衡量水准。

其次，法治指标本身只是个测量工具。工具的设计和使用是否合理要看工具是否能实现设计目的。为了测量体重而用直尺是很难实现目的的，但我们不能因此说直尺没用。法治指数并不是百科全书，也不是为了全面反映一个国家或者地区的全部社会状况，而只是为了方便使用者迅速做出决策的简化工具。例如世界银行法治指数更注重一个国家和地区未来的经济发展，更加关注法治对经济的促进作用，因此更关注法治状况和未来发展之间的关系，其指标设计就突出了对法律制度稳定性和发展可持续性的关注。[1] 这一法治指标设计在某种程度上是为了方便外国投资者，尤其是经合组织成员对是否投资做出风险评估。因此，这一指标就更着重该地区的法律制度的稳定性、法律承诺的可靠性和可执

1　鲁楠：《世界法治指数的缘起与流变》，载《环球法律评论》2014 年第 4 期。

行性等特性，对公民个人权利保护这些项目赋予的权重就较低。但该指标已经足以完成帮助投资者进行风险评估的作用。在此情况下，指责这类法治指数没有"完全准确"反映该地区或国家人权状况或法治状况是没有多大意义的。地图并不会精确地显示所代表区域的每一寸土地，它只是一个大致的勾勒。人们对法治指数的要求也是如此。人们需要的是对该区域的宏观把握，而非具体的每一个细节。

此外，法治指数背后无法消解的一定限度的价值冲突并不是否定法治指数的理由。相反，正是由于法治指数必然包含的一定限度的价值冲突的存在实际上证明了发展和建立富有中国特色的法治指数的必要性。如果其他法治指数忽略掉了对于某些社会群体至关重要的指标（例如和谐），这就意味着这些法治指数描述的理想法治状态并不完全符合该社会群体的状态——其他指标可能对某个群体并不是特别重视的指标（价值）赋予了过高的权重，或者赋予了该群体特别重视的指标（价值）过低的权重——这种情形下，只有发展符合该群体价值目标等级秩序的指标体系才能更好地反映该群体的法治水平。这也正是目前许多国内学者正在从事的事情。

值得注意的是：法治指数设计的可行态度和立场应该是在承认法治作为世界文明成果的前提下融入自身元素。[1]虽然设计有自身特色的法治指数有其内在的价值合理性，但在发展和建立富有

---

1 侯学宾、姚建宗：《中国法治指数设计的思想维度》，载《法律科学》2013年第 5 期。

中国特色的法治指数时需要警惕把这种价值差异绝对化，以至于逆潮流而动拒绝法治价值观中最具共识的部分，把一些本来应该随着时代的进步逐渐淡化甚至消除的做法合理化，甚至以此为落后现状辩护，这就使法治指数变成了自说自话的自我肯定。如何掌握好法治的普遍性和中国自身对法治的独特价值追求之间的平衡不仅仅是对中国学者的一个技术挑战，也是对中国作为一个世界大国能否提出自己的价值观，并有效地依此价值观推进人类法治文化进步的挑战。在这方面，本书提出的元价值理论实际上是向现在全球流行的西方主导的衡量法律优劣的价值观提出了一个挑战：西方式的法治衡量标准能否更好地促进人类合作？第二次世界大战之后，美国在全世界范围内不遗余力地推销美国式价值观：民主选举和市场经济，并在很多情况下把对这两种价值观的接受程度作为与美国合作的条件。但是，这两种价值观能否经得住元价值观的检验呢？

第四节　元价值观的现实追问：美国式
民主能否促进人类合作？

　　关于美国在全球推广的美式民主，最有趣的一点是：美国的宪法恰恰是建立在不遗余力地反对民主的基础上。在美国宪法制定完毕，正在各州履行批准程序的时候，支持联邦宪法的三位联邦党人：亚历山大·汉密尔顿、约翰·杰伊和詹姆斯·麦迪逊为争取批准新宪法在纽约报刊上以"普布利乌斯"为笔名而发表了一系列的文章。美国建国的政治家对人性和民主制度可能带来的危害有着清醒的认识："人类互相仇恨的倾向是如此强烈，以致在没有充分机会表现出来时，最琐碎、最怪诞的差别就足以激起他们不友善的情感和最强烈的冲突。"[1] 而"一种纯粹的民主政体——这里我指的是由少数公民亲自组织和管理政府的社会——不能制止派别斗争的危害。"[2] 为了防止希腊式的民主悲剧的发生，美国宪法设计了对民主的重重限制。参议院：各州无论大小一律每州两名，防止大州用人数欺压小州；美国总统选举也并不是直接选举，而是选出选举人，再由选举人投票选出总统——这一制度导致了布什和特朗普都是输了投票总数但赢得了选举人票成为少数票当选的总统。由于总统代表是最能代表民意的机构，对总统的权力进行了重重限制，除了国会可以以三分之二多数强行通过法律之外，联邦最高法院也可以否决总统的行政命令。一些重要的权力实际上也很难由总统操控，例如联邦储备委员会的任期要远远长于总统，也无需听命于总统。

即便如此，美国仍然不遗余力地在全球推广其民主价值观，到处宣扬民主制度的好处。美国政府认为的关于民主制度的优势最终可以由美国学者罗伯特·达尔在《论民主》一书中总结如下："民主有以下令人向往的结果：1.避免暴政；2.基本的权利；3.普遍的自由；4.自主的决定；5.道德的自主；6.人性的培养；7.保护基本的个人权利；8.政治平等。此外，现代民主还会导致：9.追求和

1　［美］亚历山大·汉密尔顿、约翰·杰伊和詹姆斯·麦迪逊：《联邦党人文集》，程逢如等译，商务印书馆1980年版，第47页。

2　同上，第48页。

平；10. 繁荣。"¹

美国人给自己的民主标榜的好处基本上都是不存在甚至是睁着眼睛说瞎话：

1. 避免暴政。君主专制的暴政的确是反对君主专制的理由。但君主专制坏并不能证明民主制就能避免民主制成为暴政的可能性。民主同样可以以人民的名义实施暴政。对个人来说，民主可以以人民的名义处死苏格拉底，因为他犯了众怒；对于群体来说，民主制度也难以避免成为暴政的工具。1882 年 5 月 6 日，美国国会通过了美国史上第一个限禁外来移民的法案——《关于执行有关华人条约诸规定的法律》，即通常所谓的 1882 年美国排华法案。根据这一法律，任何州法院或联邦法院不得给予中国人美国公民身份。这是美国历史上第一次以法律形式对另一个国家实施的公然排斥。加拿大政府强迫原住民子女的同化教育更是民主政府以多数名义践踏少数族裔人权的暴政的典型。事实证明，民主的多数和个人都可以成为实施暴政的主体，民主并不能保证自己不会成为多数的暴政。

2. 基本权利。这更是与民主制度无关。基本权利的保障恐怕更多与法治和国家能力有关。专制的纳粹德国对德国民基本生活的保障要远远高于魏玛政府时期（当然，主要靠掠夺犹太人和他国财富）。可以随意罢工、言论自由的伊拉克有了民主却只能生活在随时可能死于非命的恐惧之中。基本权利保障在美国能实现就

1　［美］罗伯特·戴尔《论民主》：李柏光、林猛译，冯克利校，商务印书馆1999 年版，第 52—53 页。

是民主的功绩，在伊拉克就与民主制度无关。这是赤裸裸的双重标准。

3. 普遍的自由。又是一个与民主没有什么关系却硬要往自己身上挂的奖章。香港在 1997 年回归中国之前，香港居民没有任何决定香港地方事务的权利，却被公认为是世界上最自由的城市之一。这只能证明一个国家或者地区自由与否与美国式的以民主选举为核心的民主没有任何关联。

4. 自主的决定。具体是指民主有助于维护自身根本利益。美国黑人的权利写在纸上，就是无法在现实生活中实现，只能一次次的街头游行示威却依然如故。在民主制度中可以更好维护自身根本利益从何说起？

5. 道德的自主。具体是指：只有民主政府才能为个人提供最大的机会，使他们能够应用自我决定的自由，在自己选择的规则下生活。即使有人在投票中属于少数，他偏向的选择未能够被多数公民采纳，但他依然会觉得，在他可以设想的全部程序中，这是最公平的一种。[1] 这也是胡说八道。特朗普赢得的总选票少于希拉里仍然胜选。没有几个投反对票的人会觉得这是公平的。

6. 人性的培养。具体是指：如果民主程序使我们最有可能生活在我们选择的法律之中，民主就使我们成为承担道德责任的人。[2] 发动伊拉克战争能够获得利益，于是我们就承担了杀死伊拉克人民的光荣责任。美国拦截了伊朗的石油倒卖获利 1 亿多美元，因

1　［美］罗伯特·戴尔《论民主》：李柏光、林猛译，冯克利校，商务印书馆 1999 年版，第 62 页。

2　同上。

为美国是民主国家，于是这不是抢劫，而是光荣的抢劫。这就是美国式民主道德。

7. 民主较之于其他可能的选择，能使人性获得充分的发展。这恰恰是民主最不可能实现的作用。人性中的优秀品质永远是少数，在以多数决定的民主社会中，少数是最没有吸引力的，也是最少受到民主政府关注的——因为充分发展的少数优秀不足以赢得选票，不需要关注，民主社会总是乐于平庸，大多数的平庸才是民主的最爱。

8. 只有民主政府才能造就相对较高的政治平等。看看印度就知道这是在胡扯。民主选举几十年，种姓制度依然根深蒂固。为了获取选票，莫迪政府索性放弃穆斯林人口选票，直接歧视穆斯林，以争取大多数印度教信众的支持。印度的民主政府至今已有70余年，印度的种姓制度仍然未见多大改善。民主政府造就较高的政治平等明显与事实不符。

9. 民主国家之间没有发生过战争。民主国家之间当然不会发生战争，因为一旦两国之间发生冲突，西方就会把他们不支持的那一方冠以不民主或独裁的帽子。至于民主制度的确立是否能让国家间冲突的可能性大大降低，我们都知道希特勒是民选上台的。发动阿富汗和伊拉克战争的小布什也是民选上台的。伊朗虽是政教合一的国家，却是最广泛应用民主选举制度的国家。所有的宗教领袖及政府首脑都是民主选举出来的。美国指责伊朗从不指责其不民主。要不是实力难及，美国早就发动消灭伊朗的战争。

10. 民主造就繁荣。这简直就是睁眼说瞎话。中国永远不会符合美国的民主标准，却在建国60年后就成为了世界第二大经济实体，经济规模超越美国是迟早的事情。印度和中国差不多同一时期建国，在印度脱离英国独立时，英国给印度留下了大量邮电、港口、军火等企业，还有 5.47 万公里铁路、134.7 万吨 / 年的钢产量、600 万产业工人。这可比中国的"一穷二白"强太多了，尤其是铁路，1985 年中国才达到 5.5 万公里，终于超过印度建国时的水平。印度也以"世界最大民主国家"自居。但新中国成立 70 年后就成为了世界工厂，重新回到世界舞台的中央。而印度和中国的差距已经拉开了几个数量级。至于早早采用美国式民主制度的亚非拉穷国，如完全复制美国制度的利比里亚、海地等国家，长久以来都是世界最不发达国家。真不知罗伯特·达尔的民主促进繁荣说从何而来？

在很大程度上，美国宣称的民主促进繁荣就是典型的幸存者偏差。在如日中天的时候，成功者说什么都是对的。人们却忘记了美国历史大部分时期都和全民选举没有关系。大部分时期，只有拥有一定财产的白人男性才有投票权。投票权直到 1921 年才扩展到女性；而黑人虽然号称有同样的权利，但直到 60 年代民权运动后，黑人以及少数民族族裔才真正获得了投票权。即使从民权运动开始把美国算作全民民主国家，至今也不过 60 年。美国成长为世界第一影响力大国与美国的民主无关，而与美国的历史、地理以及风俗有关。美国不遗余力地全球推广民主，自身却在选举权不断扩张之后将美式民主制度的劣势暴露无遗。2021 年美国总统选举的闹剧震惊了世界，让人们看到了美国的民主也能堕落到和乌克兰民主一样变成菜市场的群氓民主。

美式民主制度的最大问题在于：无限制地使用民主代替其他

价值只会形成多数人的暴力，最终只能走向印度式的民粹主义。为了获得选票，莫迪政府采用歧视穆斯林的方法获得人数更多的印度教民众的支持；共和党为了获得选票，公开支持歧视黑人以获取白人民众的选票。选票才是民主制度最大的追求，而不是公平、正义等其他社会价值。目的变成了手段，最终在美国和印度形成了身份政治，最终只会增加对抗而非合作。

对民主制度的反思从古希腊时代就已经开始。柏拉图是世界上第一个对民主制度进行了系统反思的思想家。为了找到更好的政治制度，柏拉图还制造了理想国和哲人王。[1]美国宪法制定者也对古希腊失败的民主制进行过反思。为了防范古希腊民主的失败，还故意设计了各种制衡民意的非民主制度，试图让民主制度和非民主制度的优点结合起来。从激发个人的主动性来说，民主就是公共政治生活领域的市场经济，可以让个人为自己的公共选择承担责任，但是，正如市场经济制度无法阻止成功者大鱼吃小鱼，民主制度也难以阻止个人在民主制度中利用自己的人数优势去实现更多的好处。而一旦陷入利用民主实现应该由其他社会制度来实现的功能时，民主就由促进合作变成了增加对抗。在民主的政治正确的旗帜下，无数的只顾眼前不顾长远的政治自杀行为接踵而至，根本无法阻挡。因为，用选票来捞取短期利益实在太轻松、太愉快，根本停不下来。一旦出现任何反对派，只要煽动民众就可以让反对派消失。于是民主就形成了恶性循环，直到整个国家崩溃。南美推进民主后，以委内瑞拉、阿根廷为代表，所有的民

---

1 ［古希腊］柏拉图：《理想国》，郭斌和、张竹明译，商务印书馆1986年版。

众选择了高福利，将国家发展的所有资源用来发福利，国家不发展了，产业不升级了，于是二战时比肩美国的阿根廷变成了世界穷国。希腊的高福利社会已经无以为继，但任何试图消减福利的政党都无法在选举中获得胜利，承诺增加福利是唯一的赢得选举的方法。但赢得选举上台之后国家已经无以为继，只能消减福利，于是又政局动荡，无限循环。像瑞士公民那样能够拒绝每月领取2500 瑞郎（成人）和 625 瑞郎（未成年人）的倡议[1] 的民主国家在其他国家根本不可能实现。从最终的结果来看，美式民主带来的更多是冲突而不是合作。

从元价值观的评价来看，民主作为一种手段在局部范围内有促进人类合作的可能性。但将其作为一种价值观无限拔高其重要性是令人生疑的。新加坡并不是民主国家的模范，但新加坡人民并不羡慕拥有选举权的贫穷的印度人民。从元价值的评判标准来看，美式民主其实是一个不合格的指标。

第五节　元价值评价体系的构成要素

在价值观的含义明确清晰的情况下，价值观可以实现数字化并加以评估。元价值观同样是一套清晰明确的标准，可以加以比较甚至数字化。本书由于篇幅局限，不会讨论如何设计一个评价某个国家或者法律的数字化评价系统。但可以根据元价值观大致

1　新华社：《瑞士公投否决"全民发薪"计划》，载《新京报》2016 年 6 月 6 日，A20 版。

勾勒出一个符合元价值观的国家或者社会群体需要有哪些方面的评价指标。

元价值观指标体系可以称为文明生存能力指标，因为这一指标有非常强的价值目标：生存。而合作是人类作为群体生存下去的必需的手段，因此，这一指标也可以看作合作程度的衡量标准。因此，这一指标体系可以涵盖两大部分：即生存和合作。

与前文主要关注合作这一指标不同。为了生存下去，群体不仅需要合作，还需要一些额外的物质条件，缺乏这些生存的物质条件，将会极大地影响群体生存的能力，因此，这一指标不仅仅是衡量公民之间的合作这一软实力，更需要衡量一些诸如自然资源产出等"硬实力"。

这些指标主要是：

自然资源保障能力。其中最重要的是粮食和水安全的保障能力。一个没有能力保障粮食和水安全的社会群体是极其脆弱的。永久性的粮食匮乏是国际政治中永久性虚弱的根源。[1] 汉斯·摩根索的这句论断虽然是针对国际政治间的权力关系而言，但同样适用于判断一个文明的生存能力。一个无法保障基本生存条件的文明是没有什么生存能力可言的。北美洲古普韦布洛人居住在位于犹他州、亚利桑那州、新墨西哥州和科罗拉多州的交界处，大约公元前 12 世纪在科罗拉多大峡谷中生活。他们沿悬崖峭壁建设的石头和土坯建筑显示他们曾经达到了一个中小型文明的规模。公

1　［美］汉斯·摩根索：《国家间政治：为了权力与和平的斗争》，李晖、孙芳译，海南出版社 2008 年版，第 143 页。

元 12、13 世纪北美气候发生巨变，他们的居住地变得不宜生存。这一崖居文明随之消失。他们留下的居住地今天包括弗德台地国家公园、白屋废墟和位于查科峡谷北边的波尼托（Pueblo Bonito）遗址。这座建筑物是一个多层住所，很多房间需要借助绳子或者梯子才能进入。类似的还有各种毁灭了自身生存环境而消失的文明，如上文提到的复活节岛文明，在自然资源保障能力消失之后，这些文明迅速消亡。对于摩根索来说，他关心的是自然资源保障能力带来的能够操控他国命运的影响力，而我们关心的是这一价值对一个文明社会群体起到的最低限度的保障作用。

从自然资源保障能力来看，现代中国是一个有较高强度的自我保障能力的国家。虽然中国可耕种面积较少，人口较多，但借助现代高科技农业技术的帮助，可以用较小面积满足 14 亿人口的生存需要。现代中国还拥有世界最高程度的粮食储备，可以保证挺过一年的粮荒。这是全世界所有国家中绝无仅有的。中国的海水稻、高产稻等技术可以在极短时间内完成基本安全口粮生产，优势明显。在水资源方面，中国也有较好的自然条件。虽然水资源分布不均，但通过强大的水利工程建设足以满足农业生产需求。在自然资源保障能力这一项指标上，中国的得分将会较高。同样可以有较强保障能力的国家有俄罗斯、美国、加拿大等国家。诸如新加坡这样淡水资源都难以保障的国家则有可能在爆发严重冲突时面临威胁。

能源与原材料。中国的矿产资源较为丰富，但不均衡。铁矿石虽有，但品位低，无法与巴西、澳大利亚等国家铁矿石质量相比。但中国拥有世界最强大的钢铁生产能力和化石能源生产能力。

虽然我国煤矿较多，但已经成为世界最大的石油进口国。为了保障能源安全和保护环境，中国正在大力发展新能源。在新能源能够大量替代石油等化石能源之前，这一项能力的指标得分不会太高。

工业生产能力与技术。经过几十年的追赶，中国在很多方面已经处于世界前列，和美国的差距在不断缩小。中国的工业化道路一直走得很稳。2020年的新冠疫情显示了中国工业生产能力的强大与韧性。这个指标上中国得分将会较高。

以上这些属于保障元价值观的硬实力部分。下面则是与人相关的促进合作的软实力指标部分：

民族认同与民族文化。这是中国在元价值观上和美国相比优势非常明显的项目。中国不是移民国家，中华民族几千年来的相互交往形成了中华民族的统一意识。无论民族大小，经过几十年的新中国国家建设，对中国都有着非常强的认同感。这种超越经济利益的认同感是美国这样的移民国家难以理解的，它的存在提供了大规模合作需要的认同基础。另一个非常有利于促进中国的合作程度的是中国政府和民众之间的信任关系。中国民众对政府的信任度非常高。[1]这和美国不信任政府的文化也形成了相当明显的对比。这种信任文化的存在意味着，政府的行为只要符合人民的长远利益，很容易与人民合作。这是东亚文化圈与西方文化相比较为明显的优势。

1　本报讯：《2020年爱德曼全球信任度调查报告》发布，《人民日报》2020年3月7日第3版。

政治稳定，没有美国式民主的劣势，可以追求长期目标的实现。中国人民选择了共产党，共产党以中国的富强为己任，这是一个需要长时间的努力奋斗才能实现的目标。在中国共产党的领导下，中国坚定不移地走工业强国的道路。中国的五年规划已经进行了 13 个，已经通过这些大规模的社会行动计划把中国建成了世界最大的市场和最有经济活力的国家。目前正在进行第 14 个五年计划，朝着建国百年成为世界强国的目标前进。如此跨越几代人的漫长的工作，只有在政治环境极为稳定的国家才能进行。中国就是少数几个有能力进行这样的超长时段发展的国家。

均衡的合作体制。市场经济是激励个人奋发有为的最有效制度之一，也是人与人之间进行微观合作的高效方式。中国在经过几十年的计划经济之后，坚定地采用了市场经济来激发中国人的经济活力。但市场经济的弊端同样是阻碍人类合作的因素之一。中国对市场经济的诸种弊端有着清醒的认识，从不放任市场经济无限膨胀。在市场经济没有能力或者不愿涉足的地方，就动员国家力量，保证社会的公平与公正。正因为如此，中国的电信网络并不单纯以经济利益作为指标，而是花费不成比例的经费建立可以覆盖青藏高原、原始林区这种人迹罕至的地方的电信网络，以确保数量不多的牧民和林区居民可以顺利使用现代化通信设备。这种均衡的市场和政府合作体制在中国运转良好，短短 40 年间就彻底改变了中国贫穷落后的经济面貌，证明了其效果。

较高的文化素质与庞大的人口基数的结合。人口是不是负担在很大程度上取决于人的素质。中国劳动人口的受教育水平远远高于世界上大多数发展中国家。第七次人口普查显示中国 15 岁及以上人口的平均受教育年限为 9.91 年，文盲率仅为 2.67%。在现代科学技术和全工业产业链的帮助下，中国人的生产能力和生产效率是大多数发展中国家难以企及的。

从以上几方面来看，中国有着非常好的促进社会合作的能力。短短 40 年间中国经济一飞冲天也证明中国内部的合作进行得非常顺畅。在一个 14 亿人说同样的语言（沟通成本极低），没有巨大的价值观分歧，拥有着高素质的人口的国家，中国重回世界之巅只是时间早晚的问题。中国并不热衷于向世界输出价值观，但中国成功的范例是值得想要发展的国家和民族认真研究的。本文提出的这些指标可以给不想躺平的发展中国家一个学习的索引。换言之：摸着中国过河。

第六章　历史与现实中的良法

第一节　何为良法?

价值观决定了法律的德性并进一步决定了法律的命运。法律之治意味着制定得良好的法律获得服从。获得服从可以是个物理学问题，并且不一定需要良好的价值观作为支撑，但"制定得良好"则是个价值观问题。什么算是"良好"的法律在很大程度上决定了"法治"能否成为现实。

问题的难点也就在于什么算是"良好"? 在此我们开始面对价值冲突和价值评价的问题。正如本书前文所言: 世界上并没有永恒不变的、绝对的价值观体系，价值观是人类的一种进化适应，而任何适应都是暂时和局部的。因此，制定得"良好"的法律永远是在变动的，所谓的"天不变，道亦不变"更多的时候只是生命短暂的人类对永恒秩序的幻想。事实是，"天恒变，道（法）亦恒变"才是人类生活的常态。任何抗拒变化的法律都只能在不断变化的世界中失去作用，而成功的法律也正是跟随时代变化的步伐，不断地进行调整和适应自身以适应不断变化的时代状况和价值观的变化才得以成为"良法"。

因此，良法可以被定义为：以元价值观（即生存和合作）为核心，可以促进更大范围、更长久的人类合作的有效的法律制度。这一定义实际上可以被分解为几个具体的标准：

第一，必须要以元价值观为核心。这一要求实际上排除了价值虚无主义作为良法价值基础的可能性。作为核心的价值观可以有很多种，但并不是所有价值观都可以作为良法的基础。以自我毁灭为价值追求的价值观肯定不能算作是良法。良法以生存和合作为核心价值的主张是对价值主观主义的否定。

第二，良法以及良法体现的核心价值观必须要有强大的生存和竞争能力。正如前文所述：价值观不是想出来的，价值观是做出来甚至打出来的。价值观必须在现实世界中接受考验。这一要求是价值观及良法的实效性标准。一种昙花一现的法律制度未必不能产生些许灿烂的文明成果——如伯利克里时期的古希腊——但经不起时间考验的制度有可能是因为运气不好，但更有可能是其制度本身存在缺陷，难以承受更严峻的生存和竞争的考验。

第三，良法在现代社会必须有价值观吸引力。换言之，现代世界的良法必定是通过价值观的认可解决了正当性问题的法律。[1]这一要求是良法价值观的"自然法基础"。价值观是难以强制的。再多的棍棒也无法教育出热爱。价值观只能获得认同。而在现代社会要想获得更大范围的认同，以某种更符合人性的价值观为基

1　之所以在此添加现代社会的时间条件，因为神权政治也可以在古代社会解决一部分正当性问题。

础是必须的，哪怕这种价值观只是简单的趋利避害。由于人足够多，人类可以兼容的价值观差异足够大，这实际上要求良法的价值观必须要有强大的包容性。一种缺乏包容性的价值体系制度是难以完成由价值吸引获得扩张的能力的。

从以上标准来看，一种法律制度要算作是良法其实要求并不低。很多给人类文明留下了宝贵的精神财产的法律制度都很难算作良法。古希腊为西方文明贡献了科学的萌芽，留下了古代哲学的巨额财富。但古希腊以雅典城邦国家为代表的直接民主法律制度被事实证明只能把真理变成修辞术，把公共利益变成党派利益甚至个人利益，互相倾轧的城邦国家根本不足以面对北方马其顿帝国强悍的君主制的高效战争机器。古希腊同盟军瞎猫碰个死耗子打败狂妄的波斯帝国是个偶然事件。成天忙于用民主进行内斗，最后输给贫穷的斯巴达才是民主的雅典城邦的常态。苏格拉底服从城邦的法律欣然赴死，但更多的人被判死刑后仍然在雅典大街上晃荡也是学生们试图劝服苏格拉底没必要遵从雅典并不严肃的法律的理由。况且数年之后，指控苏格拉底的人又被判了死刑。[1]

反复无常的希腊民主制虽然是古代世界的奇葩，虽然有不少令后人称道之处，但熬不过残酷的生存竞争的希腊民主制度以及大多数制度只能证明自己只能局部和短暂地适应人类群体竞争的生存环境，但难以呈现出良法所具有的强大的生存和竞争能力，也没有多少模仿者。反倒是被希腊人鄙视的君主

1　[古希腊] 柏拉图：《柏拉图对话录》，水建馥译，商务印书馆 2013 年版。

制在古代世界到处开花结果，连共和制的罗马最终也扛不住古代帝国的三权分立变成了三权互斗带来的混乱，演变成了君主制政体。这反倒是君主制在古代世界具有强大的生命力的证明。

古代世界和现代世界都存在的制度趋同现象是模因理论[1]的一个范例。也是某种生命力旺盛的观念或者制度有很大的可能被模仿的例证，这一点与生物学中的进化趋同有着类似的过程。生物在演化过程中进化出了对于自然环境有各种千奇百怪的生物适应性特征，如鱼类为了适应不同的海洋环境演化出了不同的鱼鳞、鱼鳔甚至各种与寄生生物共存的特征。但有一种特征是几乎所有鱼类都有的，那就是流线型的身体。无论鱼类的祖先源自何种生物，在海洋中生存的生物——尤其是以捕食其他生物为食而对速度有要求的生物——最终都进化出了流线型的体型。也正是因为流线型的身体使得该种生物具有了更强大的生存竞争能力，这种特征具有了普遍性。同样，当某种制度有了强悍的竞争能力，具有更高的适应能力时，这种法律制度就呈现

---

1 模因论（memetics）是一种基于达尔文进化论的观点解释文化进化规律的新理论。它指文化领域内人与人之间相互模仿、散播开来的思想或主意，并一代一代地相传下来。模因（meme）用了与基因（gene）相近的发音，表示"出自相同基因而导致相似"的意思，故模因指文化基因。我国学者何自然他们将 meme 译成"模因"，是有意让人们联想它是一些模仿现象，是一种与基因相似的现象。基因是通过遗传而繁衍的，但模因却通过模仿而传播，是文化的基本单位。模因是文化资讯传承时的单位。这个词是在1976 年，由理查·道金斯在《自私的基因》（*The Selfish Gene*）一书中所创造。

出一种普遍性。但普遍性不能作为判断良法的标准在于：人类社会制度的模仿要比生物世界复杂许多。人类世界的模仿是可以随便想想的。但随便想想不一定能够成功。美国的民主制有很多的模仿者，但失败者的数量远超成功者。这一"普遍"性的制度只能造就二流的追随者。这就是美国的良法只能对美国而言的依据。

有了良法的标准，我们就可以对历史上和现实生活中法律进行评判。这种评判的主要目的不在于发掘历史事实，而在于分析某种法律制度为何能够在激烈的竞争中胜出并成为良法。良法带来的收益是巨大的。因为良法造就胜利者和幸存者。如果我们想要一种能够在这个日新月异的新世界中仍然能够保障自己的生存和更好的生活的法律，那么，深入了解和学习这些能经风雨、历沧桑的法律制度就有巨大的价值和意义。

第二节 商鞅之法：中国历史上的第一部良法

在中国历史上，影响最大、最成功的变法或许要属商鞅之法。毛泽东曾赞誉商鞅是"首屈一指的利国富民伟大的政治家"。毛泽东通过他在十九岁时的一篇中学论文《商鞅徙木立信论》，详细分析了商鞅徙木立信的意义。他说，"法令者，代谋幸福之具也"，法令之善与不善关系到是否"利国福民"。他高度评价"商鞅之法，良法也"，是利国福民之大政策。其法"惩奸宄以保人民之权利，务耕织以增进国民之富力，尚军功以树国威，孥贫怠以绝消耗。此诚我国从来未有之大政策"。[1]

商鞅之法的产生，是战国时代变法浪潮的产物。这次制度变革竞赛的始作俑者是三晋。公元前633年晋文公作三军设六卿。在周朝分封制的庇佑下，此后六卿贵族一直把握着晋国的军政大权。到晋平公时，韩、赵、魏、智、范、中行氏六卿相互倾轧，相互之间爆发了激烈的战争。晋国的贵族更多地死在贵族之间的相互屠杀中，而不是与其他诸侯国和匈奴的战争中。历史上著名的赵氏孤儿的悲剧就发生在这样的时代。范氏、中行氏被灭后，智氏又率领韩、魏攻打赵氏，赵氏在生死存亡之际，最终以利益诱惑韩、魏两家倒戈，公元前453年，赵、魏、韩三家联合灭掉智氏。晋国公室名存实亡。公元前403年（周威烈王二十三年），周威烈王正式封赵、魏、韩三家为诸侯。司马光的编年体史书《资治通鉴》将这一年认为是战国时代的开始。公元前376年，韩、赵、魏三家诸侯废晋静公，迁于端氏（今晋城市沁水县），并将晋公室剩余土地全部瓜分。而原本强大的晋国在分裂为三个小国之后，立马面临着小国最大的风险——强敌环视。这其中又以魏国的地缘劣势最为明显：战国时期的魏国，所处的地域正是中原地区列国交战的核心地区。正是这样的背景下，魏国所要面对的则是来自于齐、楚、秦三方的压力，而同根同源的韩、赵时聚时散，更是使得魏国陷入了腹背受敌的境地。正是在此情形之下，魏国置之死地而后生，反倒成为了第一个进行变法改革的国家，

1　毛泽东：《商鞅徙木立信论》，见百度百科词条：https://baike.baidu.com/item/%E5%95%86%E9%9E%85%E5%BE%99%E6%9C%A8%E7%AB%8B%E4%BF%A1%E8%AE%BA/8326993?fr=aladdin，2019年6月5日访问。

经过变法之后，魏国的军事实力大增，两次击败秦国。也正是战争的失利让秦孝公看到了法家变革可能带来的巨大收益，为商鞅说服秦孝公打下了心理基础。而商鞅本人年轻时就曾经是魏国国相公孙痤的弟子，在魏惠王放弃任用后才转投秦国。[1] 而在这一时期，其他国家迫于形势需要，也都进行了规模不一的变法革新。而秦国虽然变法较晚，但却是最彻底的一个。在补齐了制度短板之后，秦国又经过百年经营，获得了巴蜀之地作为战略纵深和物资储备基地，最终建立起了统一六国所需的强大的经济和军事实力。这真是一个活生生的学渣反超学霸的成功学故事！成功的榜样的力量是无穷的。战国七雄之间相互的制度"抄袭"证明了法家那一套富国强兵术其实在列国纷争的时代是一套足够优秀的制度。有它不一定生（如魏国、赵国），没它却必定灭亡（如鲁国、宋国）。各国都选择了类似的法术足以证明这一套观念和制度的实效性。一种制度是否被模仿实际上也可以在局部范围内成为判断一部法律或者一个法律体系是不是"良法"的辅助标准。因为模仿者只会去模仿自己认为有价值的东西。一种能够经得起模仿的策略或制度实际上是从另一方面证明了这种策略或者制度良好的适应性和旺盛的生命力。这种

1　公孙鞅者，卫之庶孙也，好刑名之学。事魏相公叔痤，痤知其贤，未及进。会病，魏惠王往问之曰："公叔病如有不可讳，将奈社稷何？"公叔曰："痤之中庶子卫鞅，年虽少，有奇才，愿君举国而听之！"王嘿然。公叔曰："君即不听用鞅，必杀之，无令出境！"王许诺而去。公叔召鞅谢曰："吾先君而后臣，故先为君谋，后以告子。子必速行矣！"鞅曰："君不能用子之言任臣，又安能用子之言杀臣乎！"卒不去。王出，谓左右曰："公叔病甚，悲乎，欲令寡人以国听卫鞅也！既又劝寡人杀之，岂不悖哉！"（《资治通鉴·周纪二》）

适应良好的制度对他人产生了足够的吸引力以至于模仿者愿意去为此作出改变。而经得起模仿的制度从反面证明了这一制度并不是"瞎猫碰到死耗子"式的碰运气偶尔获得了胜利。可重复性表明了因果关系存在的可能性。偶尔成功一次的胜利不足以证明什么，一而再，再而三的胜利则足以表明某种制度与胜利之间有较高的相关性，至少足以称之为不算太差的制度。[1]

1　经得起模仿之所以不能成为良法的一个评判标准原因在于：对于生物学来说，某种生物特征的流行足以证明这一特征具有遗传优势，足以称得上是优良。但对于"良法"的标准来说，值得模仿的法律制度是否就是"良法"仍然存在着疑问，原因在于：人们往往并不愿意模仿优秀，人们往往只想模仿成功。一种丑陋甚至扭曲的观念、方法和制度，如果能够带来成功，为了获得利益照样会有大批的追随者。劣币驱逐良币和"内卷"就是为了成功而竞相模仿的行动策略，但结果都是灾难性和不可持续的。塌方式的腐败就是这种竞相模仿"成功"的后果。在一个群体中，如果有一个人通过违法乱纪的手段获得了成功，这种轻而易举的成功光是从利益上就足以吸引足够多的人加以模仿，而这些快速成功者上位之后，不愿意遵守这套潜规则的人就成了一种威胁。这些遵纪守法者就成了打击排挤的对象。对于"成功"的模仿者来说，自己是成功的。但对于受这些"成功人士"影响的群体来说则是社会不公和寸步难行。随着腐败的影响逐渐扩散，法治凋敝，权力横行。这个地方的社会生态持续遭到败坏，社会生态带来经济生态的败坏，最终影响到了整个地区的繁荣，包括这些"成功者"在内的所有人都成了最终的输家。这就是这些年在世界上很多腐败横行的国家陷入恶性循环、难以自拔的原因。同样，在群体之间，相互模仿看似成功的短期行为也同样足以造成灾难。军备竞赛、贸易封锁短期看是成功的，但从长期来看最终将损害到自身甚至引发更大的灾难（如欧洲各国之间相互贸易封锁进一步加剧了第二次世界大战之前的紧张局势）。因此，短期成功到足以被模仿也并不是"良法"的标准。一种法律制度想要成为"良法"，必须有长期对抗内卷和劣币驱逐良币的腐败的能力。

　　而商鞅在变法之前与以甘龙、杜挚为代表的守旧派围绕是否应该变法展开了激烈的争论。商鞅针对甘龙和杜挚提出的"圣人不易民而教，知者不变法而治"的论点，提出了"三代不同礼而王，五霸不同法而霸。故知者作法，而愚者制焉；贤者更礼，而不孝者拘焉。"[1] 并最终说服了秦孝公开启了改变中国历史命运的变法过程。公元前 356 年、公元前 350 年，在秦孝公的支持下，秦国先后两次实行变法。"平权衡，正度量，调轻重，决裂阡陌，教民耕战，是以兵动而地广，兵休而国富。故秦无敌于天下，立威诸侯。"[2] 新法"行之十年，秦民大说（悦），道不拾遗，山无盗贼，家给人足。民勇于公战，怯于私斗，乡邑大治。"[3] 当时因时势变化而变法的国家并非只有秦国，赵国的赵武灵王的胡服骑射以及更早的魏国的李悝变法在历史上也留下了浓墨重彩的一笔。但赵、魏两国的变法随着这两个国家的灭亡而湮灭。只有商鞅的变法追随着秦国胜利者的脚步长久地驻留在了中国历史记忆之中。从被灭亡的燕、赵、魏、韩、楚、齐的角度来说，秦国的法律自然说不上是"良法"；从地缘政治的角度来说，山东六国的失败也不一定是因为自身的法律变革与秦国能拉开了多大的差异。[4] 但从春秋战国时代群体生存竞争的最后结果来说，秦国的法律制度无疑是最彻底、最

1　《商君书》。

2　《战国策·秦策》。

3　《史记·商君列传》。

4　赵鼎新在《东周战争与儒法国家的诞生》一书中提出秦国变法之所以彻底或许与秦国本来地处当时的中原文明边疆地区，受周礼影响较小有关。见赵鼎新：《东周战争与儒法国家的诞生》，夏江旗译，上海：华东师范大学出版社，2006 年。

高效的，是最有可能在危机四伏的长时间战争状态下获得胜利的法律体系。

但胜利并不是足以将商鞅的那一套法律称为"良法"的充分条件（能够保证胜利只能算作"良法"的必要条件），否则"良法"的标准就成为了成王败寇的结果决定论。能够称之为"良法"，还要看它能否经受住时间的考验，是否具有长久的生命力。从法律制度强大的生命力来说，商鞅之法不仅仅在战国时代是成功的，更在于它的一些制度在短暂地被冷落之后又重拾活力，成为了中华法制文明的蓝本。虽然儒家对商鞅咒骂千年，并认定就是秦朝密如凝脂的法律造成了秦王朝的迅速崩溃，但这一观点恐怕只是儒家的一家之言。而在后续的汉王朝重建社会秩序之后，商鞅之法仍然被后来的帝国统治者迅速采用并延续下来，所谓"汉承秦制"是一个公认的史实。商鞅之法的诸多法律精神甚至具体制度也成为后世帝国立法的典范。法家在中国的精神政治舞台上从没有离开。汉武帝的"王霸杂用"和梁启超所说的"阳儒阴法"是对这一法律体制的最贴切的表述。[1]

然而，商鞅之法只能算作是半部良法，这一法律体系极好地

---

1 儒家对法家的另一个不满是认为法家不重视道德，容易把人变成见利忘义的小人。这一点也是难以成立的。法家的以法为准的核心原则恐怕要比儒家以德为准的核心原则更靠谱一些。法家的评判标准可以缺德，但至少是清晰的，因此可以造就很多利用规则相互伤害的真小人。真小人虽然无德，但至少看得见摸得着，容易防范。而在一个以道德为核心的社会，因为伪装有德比伪装遵守法律标准容易多了，因此必定造就更多的伪君子，更因为有德的标准比有法的标准更模糊，伪君子的伤害更加让人防不胜防，这种社会更加危险。这就是处处讲道德造就的虚伪社会。

适应了中国特定历史时期的社会状况，尤其是在战国时代那样列国争雄的时代，但这种适应是有限度的。而在战国时代结束之后，这一法律在价值观的扩张上面临着严重的问题。首先，并不是所有的人都能从商鞅的竞争游戏中获益。商鞅废除旧世卿世禄制，奖励军功的做法固然赏罚分明，给了军队中的将才以巨大的激励，但作用范围有限。随着秦国一统天下，这套激励秦国民众奋勇杀敌的军功侯爵制度面临着无处可用的境地。商鞅之法用人性的自利激励起最大的个人动力，现在却面临着激励失效的问题。另一方面，社会并非只有耕战两种才能。商鞅之法把社会向上流动的通道限制在耕战二途，实际上是限制了拥有强大的社会资源的商人、被击败的贵族子弟的社会上升途径。对于商业经济并不发达的秦国来说，重农抑商或许不会有什么太大损失，但对于其他以商业为重的六国都市，如临淄、邯郸等，以及以商业谋生的社会阶层来说，商鞅之法实际上是损害了人数众多且影响广泛的群体利益的法律。无论在前工业社会还是在现代社会，社会等级实际上是有着非常巨大的价值吸引力的事物，其激励作用并不低于经济奖励。商鞅的农战政策对于农民来说或许有足够的吸引力，但对于其他社会阶层来说则是实实在在的毁灭性的打击。在没有其他手段支持下，强制推行商鞅之法将会面临着巨大的反抗，这也正是秦国灭六国后商鞅之法面临着的严峻形势。

　　而在秦国在一统天下之后，秦朝恰恰是在推行商鞅之法方面出现了几个严重的失误。首先，法律的普及是一个非常巨大的工程。把秦国的法律制度施加到六国之上的难度在一定程度上要远大于在军事上消灭六国，因为军事行动在很大程度上只是一次性物理运动，而让人知晓法律、遵从法律则是改造人的知识结构、习惯甚至价值观念。在这个周期中需要倾全国之力做好普法与执法的工作，该阶段工作量远超立法阶段。就连质朴的老秦人走过这个周期都花了十年时间。十年之前，"秦民之国都言初令之不便者数千。"大家都抵触，都说不方便。十年之后是"秦民大说……秦民初言令不便者有来言令便者。"这就是时间的力量，这就是普法与执法的力量。只有这些力量的集合，才能改变人的习惯，同化人的精神。可我们要知道当时秦国只是治理中国西北一隅就花了十年时间，治理整个华夏的时间应该是这个时间的数倍，需要投入的国力更应该是多多益善。但是秦始皇在统一六国之后不是外松内紧，反而是外紧内松。他把大量的时间、精力和国力都用在了北伐匈奴修长城、南征南越修灵渠、东访神仙西炼丹三件事情上去了。结果导致民众对秦法的普及和认知程度大大低于预期。著名的陈胜、吴广起义就是典型的秦国法盲制造的闹剧。秦法徭律中本身无"失期当斩"这一条。但是陈胜、吴广居然就靠他们自己编造的"公等遇雨，皆已失期，失期当斩"的说法让其他九百随从信以为真。这只能说明随同陈胜、吴广前往渔阳戍边的这九百随从都是法盲。这件事情充分反映了秦朝对普及秦法的工作严重滞后。[1]

　　而在执法方面，秦国一统天下之后也出现了严重的执法不严的问题。与商鞅时期的法律可信度有很大的差距。例如，秦法不

1　另外值得注意的是，带领这九百人戍边的秦朝将尉只有两人。两人管九百人，有可能是人手过于缺乏；抑或因为对民众的不满程度过于掉以轻心。

准私斗，"为私斗者，各以轻重被刑大小。"但是秦国统一六国后，六国流亡贵族及一些反秦人士不只是私斗，还私自杀人。奇怪的是，他们最后都没有事儿，秦法没能及时有效的对他们进行追责。比如"项伯常杀人，从良匿。"[1] 项伯杀人不只是一两次，情节比私斗严重，但他就是一直没有被秦朝官方抓获。而张良也是一个通缉犯，在博浪沙刺杀秦始皇，结果还是一直没能被抓获。从这两件事情可以得知，秦国的执法资源应该比较匮乏，执法力度远远不够。

而更大的麻烦在于秦朝官吏队伍的涣散与治理能力鞭长莫及。秦灭诸国后废分封、立郡县，这也是秦法秦制的一个核心组成部分。然而这在天下初定，秦国对全国的治理能力还没有达到原来的程度的时候有非常巨大的风险。当年周分封，核心原因就是地方力量太过强大且分散，只凭周一个中枢鞭长莫及、首尾难顾，所以周把宗族和功臣宿将分封到各地授予大权作为分中枢，承担在当地招抚、镇压、治理的主责。秦刚统一时的情况和周是类似的，地方势力很强大且不服中枢，秦不立分中枢强推郡县企图一个中枢全面直管的结果就是派出去的地方官基本上无能为力，难以对抗在地方影响力巨大的当地豪强，最终导致对基层的管控失效。比如："萧相国何者，沛丰人也。以文无害为沛主吏掾。高祖为布衣时，何数以吏事护高祖。"[2] 萧何通晓法律，在沛县担任司法方面的官职。但是萧何对经常犯事儿犯法的刘邦进行遮掩和保护。在陈胜、吴广起义后，会稽太守殷通也想起义，他居然找来项梁

---

1 《史记·项羽本纪》。
2 《史记·萧相国世家》。

商量大事。而项梁可是杀了几次人的重犯。殷通不仅与项梁熟悉，而且知道他的行踪，两人之间早有交往与某种默契。所以，由新秦民组建的管理队伍，从基层上已经出现了严重的政治问题。管理山东六国的官吏队伍出了问题，商鞅之法难以在新秦地推行就不难理解了。面对如此乱局，扶苏谏言："天下初定，远方黔首未集，诸生皆诵法孔子，今上皆重法绳之，臣恐天下不安。"和淳于越谏言："臣闻之，殷周之王千余岁，封子弟功臣自为支辅。今陛下有海内，而子弟为匹夫，卒有田常、六卿之患，臣无辅弼，何以相救哉？"[1]都是对当时天下动荡的局势，被灭各国心怀怨恨的担忧。而事实的发展也如扶苏和淳于越所担忧的那样，陈胜、吴广的起义并没有持续多久，而最终是并不认同商鞅之法的六国旧贵族灭亡了秦朝。

在很大程度上，秦朝的灭亡带有很多的偶然性，正如柳宗元所说："秦亡于政而非制"。对秦灭亡的原因，汉朝统治者是有清醒认识的。因此，汉初的政策调整也主要是针对政治而非针对秦朝遗留的法家法律财产。具体而言：针对秦"收泰半之赋，发闾左之戍……竭天下之资财以奉其政，犹未足以赡其欲"导致"海内愁怨，遂用溃畔"[2]的弊政，改用黄老思想，"守法而无为"，在政治上"与民休息"，在经济上"轻徭薄赋"。[3]据《汉书·食货志》载："汉兴，接秦之弊，诸侯并起，民失作业，而大饥馑。凡米石

---

1 《史记·秦始皇本纪》。

2 《汉书·食货志》。

3 王占通、薛福临：《秦朝亡于政而非亡于制——答陈延嘉先生之"商榷"》，载《古籍整理研究学刊》2014 年第 5 期。

五千，人相食，死者过半。"[1] 这是汉初社会经济状况的真实写照，是秦汉政权更替的关键动因。对症救治，汉高祖"于是约法省禁，轻田租，十五而税一"，官府减省，"漕转关东粟，以给中都官，岁不过数十万石。""至武帝之初七十年间，国家亡事，非遇水旱，则民人给家足，都鄙廪庾尽满，而府库余财。"休养生息大见成效。民实现了"人给家足"安定生活，才会珍视来之不易的生存条件，"人人自爱而重犯法，先行义而绌耻辱焉。当此之时，网疏而民富。"[2] 而在具体的法律制度，尤其是严刑峻法方面，汉九章律完全继承了秦之六律，亦即沿袭了秦律的基本框架，并没有实质的改变，[3] 至多是对繁杂的条文进行了简约。在儒家一直诟病的商鞅的"轻罪重罚"方面，汉朝也并未改变。文帝废肉刑时定律："当黥者，髡钳为城旦舂；当劓者，笞三百；当斩左止者，笞五百；当斩右止，及杀人先自告，及吏坐受赇枉法，守县官财物而即盗之，已论命复有笞罪者，皆弃市。"[4] 而文帝所谓废肉刑，用体罚之刑代替伤残肢体的肉刑：将劓刑改为笞三百，斩左止改为笞五百，有的甚至是用死刑代替肉刑。景帝元年即发现"加笞与重罪无异，幸而不死，不可为人。"可见文帝废肉刑并没减轻刑罚的残酷

---

1 《汉书·食货志》。

2 《史记·平准书》。

3 汉《九章律》中盗律、贼律、囚律、捕律、杂律、具律六章是选择秦律中的内容，秦律的核心内容和基本构架并未被抛弃，至多是对繁杂的条文进行了简约。在刑罚种类上，汉律与秦律也没有太大差别。严刑峻法、轻罪重罚等秦律基本思想仍然贯彻始终。汉随秦制是我国法律史学界的一个基本共识。

4 《汉书·刑法志》。

程度。后来景帝进一步减轻刑罚也只是几种刑罚略有减轻，并不能改变汉代法律仍然是"轻罪重罚"的基本策略。但这一严刑峻法也并未导致汉朝的政治危机。事实上，儒家诟病的"严刑峻法"并不是王朝动荡的充分条件。商鞅在秦国变法多年，反而让秦国从积贫积弱的西戎小国变成了强国。明朝之初明太祖朱元璋的严刑峻法在中国历史上恐怕比商鞅之法有过之而无不及，但并没有造成天下动荡。宋之大儒朱熹认为，只有执法"以严为本"，才能禁奸正乱，制止犯罪，使人民"被其泽"，"实受其赐"，这是基于其"刑"是"德、礼、政、刑"循环运动中承前启后关键环节的见解而产生的思想。朱熹"以严为本"的司法思想反映在刑罚手段上，就是主张恢复"肉刑"。[1] 这从一个侧面反映出儒家其实也并非反对重刑，而是滥用重刑。以严刑峻法作为指责法家的理由是不充分的。

然而，即便有治民奇功，商鞅之法在价值观上仍然是有严重缺陷的。商鞅之法精于算计而不择手段，虽然高效但是残忍，是一种赤裸裸的功利主义文化。它的思考完全围绕着"君主利益"这个圆心，而不顾及其他阶层的利益。因此法家变法的基本思路，就是把民众当成君主的工具，通过严刑峻法，把百姓都变成亦兵亦农的斯巴达式战士，把国家改造成一架高效的战争机器。法家和儒家的思维方式在很多方面是针锋相对、完全相反的。比如儒家认为，民众是国家的主体，也就是《尚书》所说的"民为

1　李国锋：《论朱熹的法律思想》，载《河南司法警官职业学院学报》2005年第3期。

邦本"，国家是为民众而存在的。法家却认为，君主是国家主体，或者说，国家的存在是为君主服务的。所谓"君上之于民也，有难则用其死，安平则尽其力"。儒家学说认为，君主应该争取民心，获得民众发自内心的支持。民众的感受就是上天的感受，所谓"天视自我民视，天听自我民听"。老百姓满意，君主才能继续做下去。法家却坚决反对这一点。韩非子在《韩非子·显学》中说道：

"今不知治者必曰：'得民之心。'欲得民之心而可以为治，则是伊尹、管仲无所用也，将听民而已矣。民智之不可用，犹婴儿之心也。……为政而期适民，皆乱之端。"[1]

儒家认为有恒产才有恒心，"民之为道也，有恒产者有恒心，无恒产者无恒心，苟无恒心，放辟邪侈，无不为已"。中产阶级是社会的稳定器，因为他们有不大不小的"恒产"，所以心态很平稳。一个人如果没有自己的财产基础，那么他就会"光脚的不怕穿鞋的"，就会走上歪门邪道。

商鞅却说，治国之要诀是"弱民"和"胜民"。也就是压制、打击民众，削弱民众的力量。为什么呢？商鞅在《商君书·弱民》中说："民弱国强，国强民弱，故有道之国，务在弱民。"[2]意为只有民弱了国才能强，只有让民众既愚昧又贫穷，这个国家才能强大。商鞅的理由是："技艺之士资在于手；商贾之士资在于身。故天下一宅，而圜身资。民资重于身，而偏托势于外。挟重资，归偏家，

---

1 《韩非子·显学》。
2 《商君书·弱民》。

尧舜之所难也；故汤、武禁之，则功立而名成。"[1] 这一点适合于崛起之中的秦国，但很难推广到一统天下之后的秦国，更难以让追求民富国强的儒家接受。

商鞅在《商君书·赏刑》篇中还说："所谓壹教者，博闻、辩慧、信廉、礼乐、修行、群党、任誉、清浊，不可以富贵，不可以评刑，不可独立私议以陈其上。坚者被（破），锐者挫。……然富贵之门，要存战而已矣。"要消灭民众中那些知识面广的、聪明的、有信义且讲廉耻的、有礼乐修养的、喜欢结党的、追求名誉的人；这样的人，不能让他们获得富贵。因此，儒家认为"仓廪实而知礼节"，法家却认为知礼义是没有必要的。商鞅认为中产阶级对更高的精神理想的追求是可怕的，因为这样他们就不会畏惧权力。所以治国首先要让百姓穷下来，失去生存的基础，让他们乖乖地听从权力的指挥，遵循国家政策导向。所以"治国能令贫者富，富者贫，则国多力，多力者王"（《商君书·去强》）。治国的人如果能随便让穷人富起来、富人穷下来，那么证明这个国家有力量，有力量的国家才能称王。儒家认为，要任用知识分子，选拔贤人去治理国家；韩非子认为，这也是大错特错的。因为这些聪明人头脑太活跃，不容易统一指挥。"儒以文乱法，而侠以武犯禁。""故举士而求贤智，为政而求适民，皆乱之端，未可与为治也。"知识这个东西虽然有用，但是副作用太大，因此只好割爱。"故遣贤去知，治之数也。"把贤能和有知识的人赶走，这是治理的必需。

法家文化完全是建立在人性恶的基础上，一提起性恶论者，

---

1 《商君书·算地》。

大家都会想到霍布斯，因为霍布斯有一句名言："人对于人是狼。"然而在人类文化史上将人性恶推到极致的，正是法家。秦晖先生说，如果你认真读霍布斯，你会发现，霍布斯的性恶论是有条件、有限定的，主要讲的是陌生人之间的关系。霍布斯没有说过，熟人、亲人之间也相互是狼。可是，韩非子却说："夫以妻之近与子之亲而犹不可信，则其余无可信者矣。"意思是你不要相信任何人，连你的老婆孩子都是在成天算计你。你宠爱某个妃子，但是你知道这个妃子怎么想吗？她正成天盼着你早死，因为她现在正在受宠，她的孩子有可能成为继承人。可是如果你再活几十年，她年老色衰，你就会移情别恋，她的孩子也被冷落了，所以她没事就琢磨着怎么给你下毒。妻子是这样，儿子也是这样。如果你立了一个太子，你以为他会感谢你吗？恰恰相反，他巴不得你早点死，他好早点接班。

这才是彻底的性恶论者。韩非子认为，人性本恶，百姓自私自利而且愚蠢，所以最高统治者不能相信任何人，只相信三样东西：法、术、势。"以法刑人，以势压人，以术驭人。"

商鞅通过变法，把整个秦国变成一家农场和一座军营，所有秦国人都成了战争机器中的零件和合格的螺丝钉。这一套严酷的反人道的制度，在其他国家难以推行，但是在秦国却很快落地生根，良好运转。秦国通过改革，建立起一个由国家来全面垄断、控制和调动社会资源的新系统，很快获得了其他国家无法获得的庞大兵源和巨额的军费。弗朗西斯·福山估算："与其他军事化社会相比，周朝的中国异常残暴。有个估计，秦国成功动员了其总人口的8%到20%，而古罗马共和国仅1%，希腊提洛同盟仅

5.2%，欧洲早期更低。人员伤亡也是空前未有的，罗马共和国在特拉西梅诺湖和坎尼会战中，总共损失约 5 万军人，而中国的数字简直是西方对应国的 10 倍。"[1] 这个数字在古代战争中绝对属于前列。可以算作古代战争人力动员的极限了。但是，把所有人变成军事奴隶的秦国制度是要靠压缩每一个人的生存意义，将人变成只知道生存和战争的单一价值观来实现的。这种价值观适用于苦苦挣扎求生的奴隶，但这种价值追求极低的奴隶生存哲学只要物质生产稍有发展便失去了吸引力。更重要的是，一种讲规则的奴隶制仍然是奴隶制，奴隶的规矩再严格也是没有未来的。另外，商鞅之法也误读了人性。商鞅误以为堵死了每一条农业之外的其他生路，民众就会安心农战，沿着他给出的唯一的富贵之门——农战，争先恐后地顺从这一体制。但这一想法是对人性的误解。从事农业生产需要付出艰辛的体力劳动，若有其他选择，人性只会驱使个人努力聚集财富成为地主、大地主，最终把农业劳动转嫁到他人身上；战争即使在商鞅之法下看起来有足够丰厚的回报，毕竟也是有着极高风险的行业。更何况"一将功成万骨枯"，即使不懂概率论，大部分人也知道商鞅设计的打怪（军功）升级的游戏不可能人人都是最终的赢家。毕竟成功者只能是少数，这个游戏才能进行下去。

尽管如此，商鞅之法也足以称得上一部良法。从价值观的实现来看，商鞅之法不仅让秦帝国在残酷的战国时代生存了下来并

1　[美] 弗朗西斯·福山：《政治秩序的起源》，广西师范大学出版社 2012 年版，第 117 页。

成为最终的胜利者。从维系华夏文明延续的角度上看，秦国的统一在很大程度上有利于对北方游牧民族的抵抗。相比于五胡乱华时代华夏文明所承受的文明毁灭的打击，秦帝国严苛的法律毕竟有效地经受住了农耕文明和游牧文明之间的相互竞争（最初为秦，以后由汉继承），无论如何都不能被归入失败的文明之列。

从促进合作价值的实现来看，商鞅之法在秦国内部减少了一切不必要的损耗，把整个国家改造成战争机器。而战争实际上是最考验人类社会群体合作能力的活动。秦国赢得了最后的军事胜利，证明了这一体制在促进合作实现的能力方面是不容置疑的。如上文所述，秦国最终的失败在很大程度上是短期同化政策的失误，而非商鞅之法出了问题。汉帝国基本延续秦帝国法律维持了400多年而不倒，足以证明这一制度强大的生命力。所谓的"罢黜百家，独尊儒术"不过是解决了王朝政治的合法性问题，让商鞅的这一体制更容易获得认同，运行得更好而已。虽然从现代社会的价值观去看待商鞅之法肯定会觉得不符合现代价值观，但法律就是价值观的生存意志在现实生活中的实现。面对着在当时的血淋淋的世界中最强悍的胜利者，我们更应当秉持敬畏，仔细研究商鞅之法的成功之道。

第三节　包容万民：美国宪法作为良法的启示

要想成为强大的国家，要有强大的对手。美国就是这样的对手。我们可以在战略上藐视美国，但必须要在战术上重视美国。要想在与美国的竞争之中居于不败之地，首先要了解美国的强大原因何在。无论我们乐于承认与否，20世纪以来，地球上每个人的命运都或远或近地和美国联系起来。美国对某个国家的外交政策，在很大程度上决定了这个国家的生存处境。美国在一战和二战时期的选择，在很大程度上左右了战争的结局。美国的经济政策，在并不遥远的华尔街扇起的风暴，通过美国创建的国际经济体系的变动，几天后就会影响居民手中的货币价值；21世纪现代生活的基本生存工具：手机、电脑、网络都是源自美国的发明（绝大部分都是美国公司的专利），拒绝这些美国发明，只能回到车马通讯的时代。

20世纪中叶以来，随着美国在第二次世界大战后逐渐成为最强大的超级大国，美国宪法这部诞生于18世纪的边陲小国的法律成为了全世界最著名的法律文本。随着美国在全球范围内开始推广自己的价值观，美国宪法作为美式价值观的最典型的体现在全球范围内被大量的复制和传播。可以说，第二次世界大战结束后的70多年，就是美国宪法最风光的70多年。70多年来，全世界没有一部法律能像美国宪法那样在全球享有如此深远的影响力。这又一次证明了人类是多么善于分辨事物的功利价值。最成功的不一定是最优秀的。人类不一定会去模仿最优秀的，却更有可能去模仿最成功的。英国的西斯敏斯特宪政体制也曾经成功过，也伴随着日不落帝国的辉煌历史在全世界流行了100多年，但除了英联邦国家，二战后英国宪法性法律对全球的影响乏善可陈。而在20世纪上半叶，英国的宪法学教科书、戴雪的《英宪精义》也曾风光无限，成为世界各国学习了解英国宪政经验的楷模。而当时的美国，只是世界政治舞台上财大气粗的乡下暴发户，虽然对第一次世界大战的胜败发挥了巨大的作用，却无法对欧洲的政治产生什么实质性的影响。

美国在第二次世界大战后的崛起彻底地奠定了美国宪法的地位。美国的实力是美国宪法影响力的根本保证。从历史发展的过程来说，虽然从一开始，它只是为了解决当时快要难以为继的邦联体制如何继续存在，13个边缘世界的穷乡僻壤如何相互合作生存的难题。[1] 但这部宪法却历经200多年，引领美国跨越了农业社会、工业社会、信息社会数种形态仍然可以在当今美国社会发生作用，的确是具有强大的适应能力的法律体系。

美国刚成立时只是一个落后的农业国家，人口稀少，经济发展水平落后（18、19世纪大部分时候英国都是世界上经济发展水平和生活水平最高的国家），如何在地广人稀、相对落后的北美殖民地建立一个能将世界各国的移民——包括强制而来的黑人——整合成为一个国家是美国宪法必须回答的首要问题。在这一问题上，美国宪法在法国革命之前，对现代人类社会合作的基础作了一个理性主义和自由主义的解答："为了组织一个更完善的联邦、树立正义、保障国内的安宁、建立共同的国防、增进全民福利和确保我们自己及我们后代能安享自由带来的幸福。"这一对宪法存在之目的的世俗主义的回答实际上具有强大的吸引力。欧洲的启蒙运动已经结束，世俗的时代已经开始，前往美洲的移民首要目

---

1 当然，历史学家对美国宪法诞生时制宪会议上美国开国之父们的意图进行过不同的分析。查尔斯·比尔德就认为美国的宪法之父们纯粹是为了保障自己作为土地所有者和战争债券的收益而制定宪法。参见《美国宪法的经济解读》。

的不再是逃避宗教迫害，而是更好的生活。美国宪法这种宽泛性的世俗性目标为自身接纳来自全世界（主要是欧洲）不同背景的移民奠定了合作的基础。[1]

　　然而，宗旨和目标如果不落实在具体的原则和机制之上，也只能是一纸废文。美国宪法的长处之一就在于它不仅有一套与实现目标相关联的具体原则和机制，甚至还有一整套完整的哲学体系作为支撑。这一整套的哲学就完整地体现在美国宪法制定者汉密尔顿、麦迪逊和杰伊合著的《联邦党人文集》之中。在《联邦党人文集》文集中，我们可以看到，美国宪法的制定者对人性哲学的幽暗的理解："如果人都是天使，就不需要任何政府了；如果天使统治人，就不需要对政府有外来的或内在的控制了。"[2]这种对政府权力的防范意识深入骨髓。因此，虽然宪法赋予了联邦政府一定的权力，但宪法更多的力量花在如何对联邦政府权力进行控制上。为了达到这种控制政府权力的目的，美国宪法设计了一套环环相套的制衡链条：总统可以否决国会的立法；国会则可以以超过三分之二多数强行通过法律，甚至可以弹劾总统；联邦最高法院则可以用违宪审查来否决国会立法或者总统的行政命令；而总统则可以通过提名权和法院法官人数的设定权来制衡司法系统；

1　相比之下，以宗教信仰为基本目的的国家，如沙特阿拉伯等国家注定不可能成为移民国家。仅严格的宗教信仰就已经排除了世界大部分居民。如《沙特阿拉伯王国治国基本法》第一条规定：沙特阿拉伯王国是绝对君主制阿拉伯伊斯兰国家，国教为伊斯兰教。万能真主的《古兰经》和先知的圣训是国家宪法。这类狭隘的宗教规定阻止了非伊斯兰教移民。

2　［美］亚历山大·汉密尔顿、约翰·杰伊和詹姆斯·麦迪逊：《联邦党人文集》，程逢如等译，商务印书馆 1980 年版，第 264 页。

国会则拥有批准总统提名的法官人选的任命权，以对抗司法权力。

而在联邦政府和州政府之间则设立了横向分权机制。联邦政府只有权力负责宪法规定的事务。其他事务则仍然由各州政府自行管辖。结果就造成了美国一共有 51 套法律制度的奇观：不仅有美国宪法，还有各具特色的各州宪法，很多州的宪法历史比美国宪法还要古老。美国公民的财产权、人身权等权利的保护也主要由地方政府完成。联邦权力和地方政府权力的划分为联邦政府行使权力设定了另一个限制。

作为对政府权力限制的反面，美国宪法以及各州法律对权利的保护——至少对白人男性的权利保护——也走在当时的世界前列。1789 年宪法生效之后，一次性通过了 10 条修正案。这些修正案系统地确立了美国人民的基本权利。虽然这些权利在很长时间之内只能由白人男性享有，但也确实在很大程度上成为现实。在基本权利和美国政府向西扩张的大批廉价甚至免费土地的吸引下，大批的欧洲移民前往美国，为美国的发展奠定了基础。美国在建国之初的头一百年需要大量移民来开发和建设这个国家，因此对外国移民几乎是来者不拒。从某种意义上讲，当年的美国也全凭这一卓有成效的移民政策，使美国能够在短短的一百来年即由东向西迅速拓展，并使中西部也日益城市工业化。[1] 拿破仑战争结束后，欧洲重获和平。随着大批军人的复员，欧洲各国失业现象愈发严重，移民美国的人数逐年增加。此时，美国也因国内建设需要，改变了限制移民的政策。1848 年欧洲革命后，移民美国的浪

1　翁里：《解读美国移民法及其人权标准》，载《太平洋学报》2007 年第 3 期。

潮更是一浪高过一浪。从 1820 年到 1920 年的 100 年间，美国一共接纳了大约 3350 万移民，形成美国持续百年的移民潮。[1]

数千万的移民带给美国的不仅仅是人口数目的增长和国内巨大的消费市场，还有美国需要的人才、资金、技术等帮助美国在 19 世纪末成为世界第一大经济强国的重要因素。"美国制造业之父"的塞缪尔·斯莱特，电话发明家亚历山大·贝尔和电报之父萨缪尔·莫尔斯等人都是移民或移民的后裔。此外，亚洲的中国、日本和菲律宾等国移民带来了农业和园艺技术，意大利移民则在煤气、电力、自来水等市政建设技术方面功不可没。[2]

直到今天，美国仍然是全球移民的第一大目标国。在农业时代有大量的土地，在工业起步的时代有大量的人，在信息化时代仍然有大量高技术人才源源不断地为美国的发展提供帮助。今天正在改变硅谷并试图登陆火星的科技公司 SpaceX 公司的创始人马斯克就来自南非。谷歌公司的创始人谢尔盖·布林和苹果公司创始人乔布斯都是移民后裔。美国的发展可以说是运气、努力和制度相结合的典范。在这一过程中，美国宪法对权利先于权力的价值观和制度设计可以说对同化移民发挥了巨大的作用。其具体而灵活的制度设计为美国宪法不断适应变化的美国社会提供了广阔的空间，在良法的适应性上来说，美国宪法可以说交出了一份优秀的答卷。

美国宪法虽然对美国从边陲小国崛起为世界强国起到了中流

---

1 佚名：《三次移民潮带美国走向强大》，载《环球时报》2005 年 12 月 19 日第二十三版。

2 同上。

砥柱的作用，但美国宪法在其价值观及其引领的制度能否具有可复制性方面却是存疑的。

　　美国一直致力于在全球范围内推广其价值观和美式民主。但效果却只能说是差强人意。照抄美国宪法很容易，想用美国宪法取得成功却难上加难。典型的如美国人自己在非洲为解决解放的黑人去向问题而开创的国家——利比里亚。1822 年初，美国派遣一批自由黑人到达"谷物海岸"的梅苏拉多角，在这里建立了第一个美国黑人移民区。1842 年，美国殖民协会以拉丁文"Libre"（自由）一词给这块殖民地正式命名为利比里亚（Liberia），同时也把梅苏拉多取名为蒙罗维亚，以纪念当时积极支持殖民运动的门罗总统。[1]1838 年，由蒙罗维亚、新佐治亚和布坎南等 8 个移民区合并组成利比里亚联邦，仍由美国殖民协会委任总督管辖。1847 年 7 月 26 日，利比里亚宣布独立，成立利比里亚共和国，约瑟夫·罗伯茨任第一任总统。其宪法和政治制度均高度仿效美国，[2]以至于利比里亚被人称为"美国的私生子"。但利比里亚经过上百年的独立，2017 年人均 GDP 仅为 456 美元，是世界上最不发达国家之一。另一个曾经属于美国的唯一的海外殖民地菲律宾，在法律

1　王凡：《"空降"到非洲的国家》，载《国家人文历史》2018 年第 1 期。

2　利比里亚宪法规定：总统是国家元首、政府首脑和武装部队总司令，任期 6 年，可任两届。立法权属议会。总统和议员由直接选举产生。实行多党制，国家权力由各党派分享。国会为最高立法机构，分参众两院。参议院共 30 席，每州 2 席，议员任期 9 年，可连任 2 届。众议院席次根据选区数确定，本届议会共 73 席。众议员任期 6 年，可连任 2 届。司法：设最高法院、地方法院和特别军事法庭。各级法官由总统任命。最高法院由一名大法官和四名陪审法官组成。

制度上全面复制了美国。[1]1946 年，菲律宾独立，但经过 70 多年的发展，2017 年菲律宾人均国民生产总值（GNP）为 3593 美元，依然属于较不发达国家。而美国试图重建秩序的国家，如阿富汗、伊拉克等国家，至今仍在艰难地重建秩序之中。所以，从法律制度的可复制性来说，美国的制度经验是难以复制的。这一点早在 19 世纪托克维尔在美国游历之后撰写的《美国的民主》一书中就明确地指出：美国的民主共和制度得以维持的，可以归结为下列三项：第一，上帝为美国人安排的独特的、幸运的地理环境；第二，法制；第三，生活习惯和民情。[2]而其中，生活习惯和民情对于美国民主制度的维系又是至关重要的。缺乏美国式的社会风俗习惯的支持，照搬美国的宪法，只能产生"橘生淮南为橘，橘生淮北为枳"的结果。

　　因此，从良法的角度来说，美国宪法也足以称得上是一部良

1　菲律宾现行宪法规定菲律宾实行行政、立法、司法三权分立政体。总统拥有行政权，由选民直接选举产生，任期 6 年，不得连选连任；总统无权实施戒严法，无权解散国会，不得任意拘捕反对派；禁止军人干预政治；保障人权，取缔个人独裁统治；进行土地改革。菲律宾议会称国会。最高立法机构，由参、众两院组成。参议院由 24 名议员组成，由全国直接选举产生，任期 6 年，每三年改选 1/2，可连任两届。众议院由 250 名议员组成，其中 200 名由各省、市按人口比例分配，从全国各选区选出；25 名由参选获胜政党委派，另外 25 名由总统任命。众议员任期 3 年，可连任三届。菲律宾司法权属最高法院和各级法院。最高法院由 1 名首席法官和 14 名陪审法官组成，均由总统任命，拥有最高司法权；下设上诉法院、地方法院和市镇法院。

2　［法］托克维尔：《美国的民主》，董果良译，商务印书馆 1988 年版，第 320 页。

法。它在世界历史中的竞争中是成功的。这一法律成功地在北美大陆上击败了其竞争对手，把矿产资源匮乏、人口稀少的北美变成了世界最发达地区之一，至今仍然在全世界发挥着举足轻重的作用。

在促进人类社会团体合作方面，美国宪法也是成功的。美国宪法确立的以防范国家权力对公民个人权利的侵害为宗旨的制度为市场经济制度在美国的运作奠定了法律基础。美国的个人权利至上体制充分利用市场经济体制促进了美国社会人与人之间的合作。

相对于其他国家，美国在价值观实现方面还有一个巨大的优势：美国社会对平等价值的承认。托克维尔曾经观察到美国和欧洲社会的一个巨大差异是：人在这里比在世界上任何地方，比在历史上有记录的任何时代，都显得在财产和学识方面的更近乎平等，换句话说，在力量上更近乎平等。[1] 没有贵族阶级，这意味着个人有机会凭借自己的努力获得更高的社会地位（至少对于白人男性来说是如此），而不会像英国那样，有着阶级天花板的限制。美国的这种相对公平的社会体制对于欧洲社会无路可去的下层民众来说具有相当的吸引力。也正是由于这种价值观的吸引力，美国吸引了成千上万的移民。没有对美国价值观的认同，就不会有千万级别的人移民前往美国，也就不会有美国今天的繁荣。美国成功地吸引全世界移民，把全世界变成了自己的人才库，美国在促进移民进入美国的合作体制的成功证明了价值观才是真正的合法性认同的基础。

1　[法] 托克维尔：《美国的民主》，董果良译，商务印书馆 1988 年版，第59 页。

但是，美国宪法经过 200 多年的发展，也逐渐显露出了自身的弊病。市场经济和民主虽然可以在一定阶段促进人们之间的合作，但在无限扩张的市场经济面前，人和人之间的社会差距也越来越大，加上民主制度的极化作用，美国社会已经逐渐开始走向民粹主义。特朗普的上台就是美国政治走向极端化的开始。随着极化政治的深入，美国的阶层矛盾日渐突出。美国式民主逐渐由解决分歧的方式变成了获取利益甚至政治斗争的方式。这些纷争和同样效率低下的欧洲或者其他国家相比并不是什么大事，但和正在迅速崛起的中国以及美国试图要实现的目标相比，这些制度缺陷如果没有克服的话，在长远来看将最终使美国走向衰落。

作为一个高度统一的国家，中国是非常幸运的，单一民族、单一语言、单一文化这些高度同质化的背景让中国人民的价值观冲突出现的可能性降到最低，而这些问题是大部分国家为了实现合作必须面临的重大难题。缅甸至今仍然为国家统一与民族和解而苦苦挣扎。而美国作为世界上最大的接收移民国家能够把如此多的来自世界各地不同民族的人们成功地纳入美国社会合作体制之中，美国宪法对合作价值观的促进的确有值得中国学习的地方。

第四节　社会主义核心价值观是中国良法的基础

中华帝国文明解体之后，中国进行了 100 多年的抗争，终于在 1949 年以全新的姿态重新出现在了世界面前。经过几十年的发展，在不远的将来将会重新成为对全世界有重要影响力的国家。作为为数不多的几个能够在西方世界的霸权主义欺凌中和重重堵截中成长起来的大国，中国史诗般的成功经验必定会转化成法律。如果这部法律想要延续中国建国几十年的辉煌，这部法律应该是什么样的？

毫无疑问，这部法律应当总结中国几十年来的成功经验，把独特的中国优势继续发扬，如中国共产党的核心领导，继续发展中华民族认同，继续发展经济，提高人民生活水平等等。但更重要的问题是：除了这些具体的措施之外，这部中国的良法应当以什么作为自己的核心价值观？

在这个问题上，一个看似很有诱惑力的答案是：要以传统文化价值观为中国未来的核心价值观，因为"中国人必须回到儒家。这是无可逃避的命运。如果不回到儒家，中国就没有自我，因为中国没有灵魂。中国也不会具有主体性，这种主体性必以精神的自主为根本。这灵魂就是儒家。"[1] 这种抢占道德制高点形成意识形态的悲情呼号对于长期以来处于文化不自信的人来说很有诱惑力，尽管这些自我感动的悲号背后逻辑混乱，并试图用中国历史的一部分抹杀掉另一部分，而且是对现代中国最关键的部分。

谬误一，如果不回到儒家，中国就没有自我，因为中国没有灵魂。且不说中国是不是一个固定的概念，一个国家如何拥有一个"自我"？这些文学修辞到底指的是什么？为什么回到道家就不行？回到释家也不行？儒家之中也有流派之分，那回到儒家是指回到哪个时代哪一派的儒家？先秦儒家？两汉经学？魏晋玄学？宋明理学？

1　秋风：《儒家宪政民生主义》，载《开放时代》2011 年第 6 期。

谬误二，主体性必以精神的自主为根本。这句话的意思不明。大意或许是指要成为中国人就要说中国话、想中国事，最关键的是：只能用中国人自己发明的概念。因此，宪政、自由等概念由于不是中国人发明的，因此讨论这些问题都是落入了西方文明的话语陷阱。只有用王道、治道、以德配天之类的概念讨论中国才算是"精神自主"。这是典型的拒绝睁眼看世界。如果没有西方的民主、共和等概念，那就成天只能用三代之前的遥远传说讨论民主，用周公辅政讨论共和，用许由洗耳来比附良心自由。结果就是永远只在自己的话语圈内自我膨胀，最后产生一大批天下万物都源于古代中国的自大狂。

传统儒学的倡导者最大的谬误在于用古代儒学的一些观念去比附现代宪政的概念和实践，然后试图通过比较二者的相似之处，强行把儒学并不存在的观念说成是儒学已有的，只是我辈妄自菲薄，不知勤习祖先教诲，忘记了现代宪政的观念、实践都是祖先之制而已。例如说孔子是自由平等的先驱："阿克顿爵士说过，封建制是自由的，但有一个与生俱来的缺陷：等级制。孔子坚持复礼，也即坚守封建的自由。但他也清楚地意识到礼制的等级性，他已经注意到有人利用强势地位强制他人。因而，孔子同时提出仁的理念，把所有人置于一般的人的地位，从而，自由的人也获得了普遍的平等。"[1] 这一惊世骇俗的论断的主要论据，是孔子提出的"仁者人也"，但《中庸》那句话全文引下来是："仁者人也，亲亲为大。"原意是仁也要按亲疏分等级，何来平等？至于孔子和

---

[1] 秋风：《儒家宪政民生主义》，载《开放时代》2011 年第 6 期。

后来的儒家坚持等级，排斥平等的言行俯拾皆是，无需赘言。

最夸张的是把宪政主义的帽子往自己身上戴。"中国历史上形成的第二种宪政主义指向的制度形态是董仲舒—汉武帝时代形成的士大夫与皇权共治体制。这里至少存在三种共治制度：士人政府与皇权共治；社会与政府共治；德治与刑治并存。"[1] 董仲舒说："君臣、父子、夫妇之义，皆取诸阴阳之道。君为阳，臣为阴；父为阳，子为阴；夫为阳，妻为阴。"[2] 又说："王道之三纲，可求于天。"三纲的基本含义是卑下者对上的绝对服从，等级绝对不能逾越；是不可抗拒的天意。君主专制就是君主专制，到最后中国臣子的命运好一点的就是"夕贬潮阳路八千"，"杖责朝臣于殿阶"，朱元璋时多有杖毙。到清朝更是"君要臣死，臣不得不死。"明明是生杀予夺和无力反抗的君臣，怎么在现在就变成了"共治"？所谓共治，至少是参与者都有权利，甚至是平等的权利，这种一方毫无权利，一方无限权力的格局硬要套上宪政主义的帽子，其荒唐程度也只有"英语是中国人发明的"可以与之匹敌了。

正如邓晓芒先生对所谓新儒家的批判所言："（新儒家）认为那些词汇的含义，如民主、自由、平等……甚至女权等等，在中国古已有之，西周早已建成了世界上最早的'民主共和国'，用得着你们来启蒙吗？随着'国学热'的又一次兴起，后面这种倾向在学术界可以说愈演愈烈，还美之名曰对传统的'创造性转化'。大家似乎都觉得，只要把我们传统中的'好东西'挖掘出来，用

1　秋风：《儒家宪政民生主义》，载《开放时代》2011 年第 6 期。

2　《春秋繁露·基义》。

现代衣装'创造性'地乔装打扮一番，就连改革开放都用不着了，我们已经是世界上最先进的民主法治国家了。这种玩弄文字游戏以自娱自乐的做法极大地败坏了思想界的风气，只不过是以情绪化的意淫来代替严肃的学术研究，掩饰和缓解自己的自卑情结，注定是立不住脚的。"[1]

所谓的新儒家们秉持着文化至上的论调，却忽略了现代中国并非只有已经病故的儒家文化，还有对现实生活中的活生生的中国人影响更大的两种文化：一个是改革40多年来形成的传统，虽然时间很短，但是改革开放时代的新的文化和价值观，基本上都已经深入人心，融入中国人词汇的一部分，基本上形成了一个传统。这个传统基本上是以市场为中心延伸出来的很多为我们今天熟悉的概念例如自由、权利等等。另外一个传统则是共和国开国以来，毛泽东时代所形成的传统，这个传统的主要特点是强调平等，是一个追求平等和正义的这样一个传统。[2] 甘阳所说的传统，指的其实是中国近代以来逐渐兴起的两种新文化：毛泽东时代的革命文化以及改革开放以来兴起的现代化中国文化。这两种文化及其蕴含的价值观才是对现代中国人民影响最大的价值观。中国人经过几代人的努力和奋斗，才终于让这些价值观和生活方式成为现实。而这两种文化的主要价值观每一种都在和儒家的关键价值观相对抗。如毛泽东时代的革命文化的核心价值观之一是反抗

1 邓晓芒：《儒家文化的最大遗毒——习惯虚伪和集体无意识》，载《同舟共进》2016年第2期。

2 甘阳：《三种传统的融会与中华文明的复兴》，载《二十一世纪经济报道》2004年12月29日第3版。

三座大山的压迫，其中有一座大山就是封建主义。君君臣臣的封建君臣关系就是这一革命文化要消灭的价值观。这一革命文化对平等的追求还顺带消灭了一夫多妻、男尊女卑、刑不上大夫等儒家文化传统认可的价值观和做法，还扣了一顶"封建糟粕"的帽子给传统文化。

改革开放以来的价值观念更是以西方式的个人权利和自由为核心。人人都在消费主义和现实主义文化的教导下"要爱，还要更多的钱!"，以至于有学者愤言其为"精致的利己主义者"，但高涨的权利意识也推动了社会进步，废除了收容教养，开始更加关注环境，甚至开始反抗资本PUA，拒绝996。个人价值和个人权利观念的大潮早就改变了中国人，中国人的确变得更焦虑，但绝不是因为"没有了自我，没有了灵魂"，更不是因为没有诵读四书五经，而是因为中国人对美好生活的追求的范围和广度超过了中国社会的供给能力。

现代新儒家学者们对自己可以"拯救没有灵魂的中国人"的幻想除了文学修辞的成分之外，更有一种"本质论"的错误前提在其中，所谓本质论是指认为人有所谓本质，而这种本质就是这一群体区别于其他群体的最核心要素。例如黑人之所以是黑人是因为其皮肤黑，白人之所以是白人是因为其皮肤白。这种肤浅的差别如果没有和某种歧视结合并无多少危害，而当人类之间这些进化过程中的偶然因素与某种价值观联系在一起时，就会产生文化本质论。例如黑人都是低贱的，白人都是高贵的。随着时间推移，这些文化观念有可能代替物理特征成为区别的本质。例如：中国人数学就是好，黑孩子天生就会打篮球，中国人就是要信奉儒家，犹太人就是信犹太教。但事实是，中国人的本质并不是信奉儒家学说。信不信儒家学说并不能决定一个中国人的身份。中国人也不会因为不信奉儒家学说而感到痛不欲生。比起没有灵魂这种抽象的事，更让更多中国人痛苦的恐怕是银行存款余额不足。新儒家自我感觉能拯救中国人的灵魂都是在自导自演落魄王者历经艰险、胜利归来、喜大普奔的好莱坞意淫戏。

说到底，中国人首先是人，有人的价值需求，一种满足不了人的价值需求的法律是没有吸引力的，也难以完成凝心聚力、促进合作的重任。中国改革开放几十年取得的成就跟儒家以及李光耀的自吹自擂没有关系，恰恰相反，中国是在推翻了儒家文化和儒家的核心价值观的基础之上才有可能取得今天的历史成就。而中国近几十年来取得的历史成就和中国法律在价值观的追求上和元价值观的契合是紧密关联的。生存和促进合作的元价值观都在中国宪法中有明确的体现。这种对元价值观的追求就是社会主义核心价值观。

中国的社会主义核心价值观第一要义就是富强，这一集体价值观排名居首是中国百年抗争经验的总结：世界的竞争仍然是国家间的群体竞争，而国家间群体竞争需要国家强大的实力。伊拉克被美国胡编乱造一个理由就可以发动战争消灭；但美国胡编乱造新疆种族灭绝的弥天谎言，却只敢口头说说，差距就在国家实力。中国人对中国政府和中国共产党的信任程度达到90%以上，如此高的信任度除了中国一贯的有事找政府的传统，更在于在新冠肺炎的处理中，中国政府有强大的实力保障公民的身体健康。14亿人所需的价值几千亿的疫苗免费供应，一有零星疫情爆发，上千人的管控队伍马上启动，这需要一个国家有强大的经济实力和社会动员能力，这些都是强大的国家综合实力的体现。价值观的实现是有成本的，越高层次的价值观保障需要花费的成本越高，需要的社会合作程度越高。满足一个人喝水需要一点钱，但满足北方数个省份的生活、生产用水需要的是投资上千亿的南水北调工程。惩罚一个犯罪分子需要的成本不高，但制造一个安全的社会环境需要的则是巨额的财政投入。价值观变现非常昂贵，没有强大的能力无法实现，但一旦能实现，凭借价值观的吸引力就足以吸引更多的人投入与这一社会群体的合作中去，形成一个良性循环。

在促进社会合作方面，中国除了有先天的文化统一的优势之外，更在价值观追求上明确了有利于促进合作的各种价值的制度。一个社会最强有力地促进合作的价值就是公平和正义。经过几十年的法治建设，中国法律积累起了促进公平和正义价值观实现的经验。民法典第一条规定：民法典是"弘扬社会主义核心价值观"而制定的法律。而为了这一目标的实现，自甘风险被写入了法律，从法律层面开始拒绝"我弱我有理"的道德绑架；在刑法上，严重影响他人生命安全的酒驾，侵扰司机驾驶等行为变成了犯罪；在民族政策上，废除了让人民群众怨声载道的"两少一宽"。在经济政策上，开始注重对垄断企业的限制，为中小型企业在市场竞争中的平等地位保驾护航。这些以公平和正义为主要价值追求的法律有力地推进了人与人之间的合作；公平是人类高层次价值观追求的起点，也是维系法律价值观吸引力的重要砝码。

时势易变，良法难求。人类是被自己的价值观驱赶的生物，永远向往着更好的生活，永远希望实现更高的价值观。对人类价值观的理解是塑造良法的第一步，以社会主义核心价值观为核心的中国宪法已经在价值观维护的问题上迈出了最关键的一步。中国国家建设 40 多年取得的辉煌成就已经显示出这部法律作为良法的辉煌未来。

第七章　良法与法律的正当性

第一节　良法的正当性问题

法律的生命并不在于立法，而在于执行。霍姆斯在《普通法》开篇就说："法律的生命不在于逻辑，而在于经验。对时代需要的感知，流行的道德和政治理论，对公共政策的直觉，不管你承认与否，甚至法官和他的同胞所共有的偏见对人们决定是否遵守规则所起的作用都远远大于三段论。"[1] 立法固然重要，但法律得到人们的遵守更重要。没有人遵守的法律只不过是一张废纸。法律固然可以借助暴力来执行，但法律无法只依靠暴力来执行。任何妄图只依靠暴力执行的法律将会面临着高到无法想象的成本问题，最终只能失败。因此，任何可以算作法律的事物，都必须要在最低限度上获得一定程度的认同，也就是至少要有足够多的人认可法律的正当性，并自愿地遵从法律。这就是法律的合法性问题。

而对于良法来说，其正当性要求只会更高，因为良法需要更

1　［美］霍姆斯：《普通法》，冉昊、姚中秋译，中国政法大学出版社 2006 年版，第 1 页。

多的认同、更多的合作才能对付更复杂的社会变迁，维系更长的时间。因此，正当性就是良法不能回避的问题。

英文的 Legitimacy 一词，在中国学术领域被译为"正当性"或"合法性"。其基本涵义是指关于统治者依据什么理由说明他具有统治人民的资格；被统治者又依据什么理由认为应当服从这种统治的理论。一般来说，合法性或者政治合法性指的是政治统治依据传统或公认的准则而得到人民的同意和支持。当人民对终极权威愿意尽义务时，这一权威就具有合法性。[1]究其实质，Legitimacy 是关于如何能够为政治权力和特定政治秩序提供依据的问题。德国著名社会学家韦伯（Max Weber）认为 Legitimacy 是统治者，特别是被统治者对某种政府理念的"心悦诚服"，因此，归根结底是一个信念问题。具体而言之，这种信念关系到：（1）实施支配行为的制度系统的正当性；（2）掌权者在此制度系统中充当权威角色的正当性；（3）命令本身及其颁布方式的正当性这三个问题。韦伯在此论断的基础上区分了三种统治类型：传统型、个人魅力型和法律理性型。[2]

从事实上看，正当性理论实质上是统治行为得以合理化的系统化解释，尽管这种合理化可以采取不同的形式。任何有效的统治实质上都是建立在一定程度的社会强制基础上。在现代国家，国家合法垄断的暴力是国家统治得以有效成立的前提之一，但这并不意味着超越个体或社会群体所能反抗的社会强制是有效统治

1　白钢：《论政治的合法性原理》，载《天津社会科学》2002 年第 4 期。
2　参见韦伯著《经济与社会》下卷，第九章《统治社会学》，商务印书馆 1998 年版。

得以成立的唯一基础。不具备正当性的政权，也可以凭借其事实上对社会的强力控制来维持其秩序，但是，一个得不到被统治者"心悦诚服"的认可的政权，亦即没有正当性基础的政权是不会长久的。因此，不管一个统治者具有如何强大的实力，如果他不能把建立于强力控制基础上的事实上的权力（Power）转为可以被被统治者认可的权利（Entitlement），不能把统治转化为服从，那么他的统治是不会长久的。

正当性理论对于一种社会统治形式或统治秩序的重要意义在于它建构了一座将统治行为合理化的桥梁，通过某种正当性理论，统治者事实上的必须服从变成了可以被被统治者接受的"应当"服从，而这种被统治者对统治者的"应当"的确认表明了被统治者的认同。而这种大范围的社会认同实际上构成了一个社会的稳定的社会合作基础。只有通过被统治者的认同，统治者的行为才有可能得到更大程度的贯彻和实施，统治者才有可能获得更大程度的忠诚，而这种忠诚在很多时候是决定统治者命运的最终依靠力量。另一方面，正当性基础增加所带来的社会认同的增加大大减轻了统治政权贯彻其意志所需负担的成本，极大地提高了统治效率，而这种统治效率的提高反过来又巩固了统治，二者之间可以形成一种良性循环，这种良性循环过程达到一定平衡时，便形成了稳定的统治秩序，这种统治秩序对于统治者来说是极其有利的。反之，正当性基础的缺陷会降低被统治者的认同程度，这种对统治者的正当性的认同缺陷经常导致的是对统治者行为和统治秩序的冷漠、观望，甚至拒绝、反抗，从而加大了统治者推行其统治的成本，甚至使统治行为无法获得贯彻实施。在这种情况下，统治者的行为的实施是相当困难的，甚至有可能造成剧烈的社会冲突。因此，对于任何政权来说，正当性的寻求都是极其重要的任务。所以，在理解"正当性"的概念时，必须把获取和行使权力的"理由"与获取和行使权力的"形式"相互区别。社会的权力的获取和行使都有某种程度的暴力作为其物质基础，但更具有决定性意义的则是其正当性基础，只有基于正当性的权力获取才是合法的，统治者凭借这种正当性依据，才具备了统治的资格（Entitlement），才拥有了向被统治者发号施令的可接受性。正当性可以体现为暴力，也可以体现为"同意"，并且这种"同意"的程度越高，其统治越可能持久。中国古代"得民心者得天下"的谚语就是对这种正当性认同的力量一种经验性认识的总结。

通过以上对"正当性"概念的粗略分析，我们可以从中分解出正当性理论的三个构成因素，即：统治者及其统治行为，被统治者和正当性的依据（Justification）。一个成功的正当性理论的主要目的就在于通过提出正当性依据，使统治者及其统治行为由实然（Be）变为应然（Ought to be），用以抵消其暴力的非正当性，使该行为成为被统治者可以认可的行为。一旦某种行为获得了正当性，其不法性的一面就会消弭，这种行为就获得了正当性辩解，从而逃脱了统治者与被统治者的视线成为常态，进而构成稳固的政治秩序的一环。在这个过程中，正当性的理据说明是其核心部分，也是建构被统治者正当性认同的关键，能否提供一种让大多数被统治者同意或者至少是不反对的说明性的理由就构成了某种统治能否获得支持或者获得多大程度的支持的核心因素。

第二节　正当性的传统证明方式

要证明自身统治的正当性，对于统治者来说也就是要证明，"为什么应该服从我的统治"这一命题。对这一正当性要求的证明，各种不同形态的社会群体产生出了不同的理论。

在前资本主义社会形态中，无论是东方还是西方，借助超自然力量将统治者个人神圣化、超凡化都是其论证的主要理路之一。粗略考察一下中国古代史，先有夏商帝王开始称自己为"天子"，并对自己家族起源作出了神话的解释以论证自己的超验正当性。据《史记·殷本纪》所载："三人行浴，见玄鸟堕其卵，简狄取吞之，因孕生契。"[1]这段故事可能源自《诗经·商颂·玄鸟》："天命玄鸟，降而生商"。通过将自身起源神秘化，商族人自认为是神的后裔，并据此神圣特权有权统治"四方""九有"。这些神话传说的最重要的作用是在政治上利用民众对超自然神灵的崇拜为统治政权提供了一种神圣化的正当性渊源，强调了其统治的不可替代性，大大降低了社会合作的成本。

在中国历史上，这种将统治者与"天"挂钩，宣扬其神圣化的方式是很普遍的，除了宣扬自己的神秘化的家族起源外，以宣扬王朝创立者在生理上的超凡或者出生时的异常自然现象也是常见的争取合法性的论证。据《三国志·蜀书·先主传》记载，蜀汉的创立者刘备身长七尺五寸，垂手过膝，耳大有轮，回目见耳。《旧唐书·高祖记》载唐高祖李渊"骨法非常，必为人主"。与中

1　《史记·殷本纪》。

国的情况相类似，古代埃及的统治者则宣称自己是太阳神的儿子，为了维护其神圣血缘的正统性，只有埃及法老的家族可以实施近亲通婚。在古希腊和罗马社会中都有统治者借助神话传说将自己统治神圣化的范例。

透过种种看似千差万别的神秘化、神圣化解释的背后，我们可以看到一种对正当性的绝对性、终极性的追求，而与这种终极性绝对的联系也正是这些神话和宗教的说服力的所在。这些解释成功地利用了被统治者的宗教信仰或社会信念而使统治者的统治行为正当化。这些神话或神秘化的解释在今天看起来或许是荒诞无稽的，但它们都成功地完成了提供政治正当性的任务，为构建一种稳定的政治正当性秩序作出了贡献，为社会合作奠定了基础，其历史的合理性是显而易见的。从这些神话成功地提供了正当性的过程之中可以看出正当性理论的因素之一：被统治者的信奉或信仰是同等重要的因素。因此，一种正当性理论解释的成功与否实际上并不在于其理论有多么博大精深，而在于其与被统治者的观念或信念的契合程度，神话能为不少传统社会提供正当性的秘密正在于此。同时要看到的一点是，正当性理论由于其建基于被统治者的观念或者信念之上，所以，被统治者观念和信念的变化必定会导致统治者正当性的变化，而对应不同的社会形态和不同的社会观念，正当性解释也必然会发生变化。

第三节　正当性的理性化

正当性理论的构建，目的在于提供可以被被统治者认可和接受的合理化系统解释。这种解释可以是不合乎现代理性的，如宗教或神话（从另一个角度来说，可以说宗教或神话符合另外一种传统理性），也可以是理性化的产物。而放弃正当性的形而上的超验证明而付诸人的理性，则构成了正当性依据提供的另一种方式：合乎人的理性，也就是合理化的论证方式。

这种论证方式的特点是求诸于人的普遍理性，并希望借助人的普遍理性来发现或证明只要是作为人就可以认识的普遍真理，并在此认识论的基础上提供所需要的正当性。如果说神圣化作为一种形而上的证明依靠的是信念的话，那么合理化的证明就是一种形而下的依靠人的有限的认识能力的方法。正当性转为依靠人的认识能力所达到的结论，正当性的问题转化成了一个知识的问题，这是正当性理论的另一种也是当代社会最重要的正当性提供方式。这种证明方式如此之重要，以至于在某种程度上正当性就是合理性，合理性就是正当性。正当性不可能没有合理性的支持。这种论证正当性的最典型的代表就是西方的自然法理论。可以说，西方法治传统的形成过程，就是自然法理论不断演进的过程，西方社会法律至上的权威，正是凭借其不断地从自然法中获得其权威性的支撑。

从古代希腊开始，西方国家的信仰体系中出现了一种更高权威来源的正义观，它是建立基督教社会正当政治秩序的理论来源。[1] 亚里士多德在其《伦理学》中区分了自然正义和法律正义。他认

---

1 ［美］卡尔·J.弗里德里希著：《超验正义——宪政的宗教之维》，三联书店 1997 年版，第 2 页。

为自然正义拥有普遍的力量，其存在并非由人类思考而来。这其中，亚里士多德肯定了自然法是表现宇宙秩序的客观法则，是不依人的思考来决定的。一个人应该从他人和社会那里得到什么，或者应该向他人、向社会提供什么的终极依据不是依靠人自己任意定的法，人定法之上有着自然法，如果人定法违反了自然法就应当被推翻。中世纪经院哲学家托马斯·阿奎那把法分为阶梯式的：永恒法、自然法和实在法，此外，还有万民法和国际法。永恒法是上帝统治整个宇宙的法律，是一切法律中最高的法律。自然法居于永恒法之下、实在法之上，是对永恒法的一种参与，而人自己制定的实在法则是人的理性对自然法的发现，实在法必须依靠自然法取得效力，自然法高于实在法。西塞罗的表述则是：

> 事实上有一种真正的法律——即正确的理性——与自然相适应，它适用于所有的人并且是不变而永恒的。通过它的命令，这一法律号召人们履行自己的义务；通过它的禁令，它使人们不去做不适当的事情。用人类的立法来抵消这一法律的做法在道义上绝不是正当的。限制这一法律的作用在任何时候都是不容许的，而要想完全消灭它则是不可能的。无论元老院还是人民都不能解除我们遵守这一法律的义务，它也无需塞克图斯·埃利乌斯来加以阐述和解释。它不会在罗马立一项规则，而在雅典另立一项规则，也不会是今天是一种规则，而明天又是另一项规则。有的将是一种法律，永恒不变的法律，任何时期任何民族都必须遵守的

法律。[1]

自然法观念的出现是人类正当性理论论证方式上的一次飞跃，它将人类社会秩序的正当性渊源由天上的神灵转到人间的人，由传统社会的超验信仰转变为现代社会的理性检验。自然法观念关于自然法和实在法的区分实际上是把统治者一同纳入了理性的评判之中。

正当性渊源的合理化转向实际上也蕴含了西方社会所尊崇的多项价值，并为西方社会由传统形态向现代形态过渡奠定了价值基础。由于正当性的认同转向理性，个人即被视作一种理性的存在物。笛卡尔说："理性是这个世界上分配得最平均的东西，谁也不会嫌自己的理性太少"。[2] 由于自然法求助于人的理性的审视，必定将每一个人视为一个平等的理性的存在者，由此已基本铺垫好了向平等身份社会过渡的思想基础。而尊重个人价值和平等两项，不仅是理性人的合理逻辑推演，也是西方社会后来启蒙运动的主要旗帜之一。自然法中的这些价值追求尽管是朦胧的，但已初具雏形，并为后来的最具影响力的两种现代社会正当性理论：社会契约论和人权学说的出现做好了理论准备。

第四节　正当性的民主化证明：社会契约论

在正当性理论由传统社会非理性论证方式向现代社会的理性

1　［古罗马］西塞罗著《论共和国》第 3 卷第 22 章，转引自萨拜因著《政治学说史》上册，第 204–205 页。

2　［法］笛卡尔著《第一哲学沉思录》，商务印书馆 1986 年版，第 1 页。

论证方式的转变过程中，由荷兰的格劳秀斯、斯宾诺莎，英国的霍布斯、洛克以及法国的卢梭等人依据自然法理论创立的社会契约论无疑是最具影响力的一种。

依据自然法理论，格劳秀斯认为，世界上存在两种法，即意志法和自然法。意志法是人制定的，因而并不是永恒不变的，它应当符合自然法。自然法来自人的本性，它永恒不变，适用于一切时代和一切民族并且高于神。斯宾诺莎认为，自然就是上帝，自然法就是上帝的命令。霍布斯则认为：自然法与国家法的不同之处就在于它不必经过人的同意，它来源于人的理性，是每一个人基于理性就可以理解和同意的。洛克则直接认为自然法就是理性，是上帝的存在、上帝的法律，它天然合理，教导着遵从理性的人类。卢梭虽不曾给自然法下过定义，但他的整个社会政治思想前提是承认一个有其自认规则并与文明社会相对立的自然状态。

有了自然法，就承认了有超乎人定法的自然权利，承认了超越现实社会的正义，既然自然法来自人的理性，并且可以由一切人的理性所认识和运用，那么，人就应当是普遍和平等的。为了更好地实现其在自然状态中所拥有的自然权利，人们便相互缔结了一个契约，让渡出自己的一部分或者全部自然权利，组成了社会。而政府的权力只不过是来源于人们的让渡，"人们联合成为国家和置身于政府之下的重大的和主要目的是保护他们的人身、自由和财产"。[1] 在人们向政府让渡出自然权利后，人们仍保留有收回其自然权利的权利，人们靠放弃自己的一部分自然权利所获得的

1　[英]洛克著：《政府论·下篇》，商务印书馆 1964 年版，第 77 页。

不仅不会变少而只会更多。尽管几位思想家对社会契约的论述略有不同，但在社会之所以成为社会，政府之所以可以合法拥有的权力来源于每一个人的同意上有着相同的认识。

社会契约论与传统的寻求政权统治秩序正当性途径的最大不同，就在于将政府的正当性的渊源直接转化成了"个人的同意"。个人的同意是政府权力正当性的终极来源，这种同意的现代性表述就是人民主权原则。这一正当性渊源实际上成为了当今世界上绝大多数社会形态的统治秩序的正当性基础，现代世界各国基本政治格局大都承认和建基于这一观念之上。

社会契约论的巨大意义还并不止于此，通过对人们出让自然权利的目的的阐述，社会契约论清晰地提供了正当性与自然正义的关联，阐明了正当性政治统治权力来源的价值基础。从而不仅给出了正当性权力的形式要件：人民的同意；也给出了正当性权力的实质性要件：符合正义观念。这样，在理论上，西方现代社会的正当性政治统治理念已被廓清，即：政府的权力来源于人们的让与，人们成立政府只是为了更好地保护自己的权利，因此，权力的最终来源是权利，在优先序位的排列上，权利优先于权力，权力应当服从于保护权利的目的（实质要件）。人民的同意是产生政府权力的前提和基础，是政府权力正当性的唯一的依据；人民的财产，人身等方面的不可剥夺的权利是国家权力行使的界限（形式要件）；作为最后的手段，人民还可以通过行使抵抗权和革命的权利，来撤销自己的授权，另建新的政府，以对抗国家权力。总而言之，人民的权利相对于国家的权力享有绝对的优先性和道德上的优越性。人民的权利是绝对的、无限制的、主导性的，而国家权力则具有相对性、派生性、受制约性；人民权利是国家权力的基础，国家权力是由公民权利派生而来的，并负有保障和实现公民权利的责任。而为了实现对公民权利的保护，就必须要对权力进行限制。因为权力随时都有异化的可能，而这种可能性是已被历史所证明的，权力一旦被滥用，它给公民的权利和自由造成的损害将是灾难性的。所以，人民必须制定一部主要目的在于限制国家权力无限膨胀可能的永久性法律——宪法，来对国家权力进行有效的制约和规范，保护人民的权利不受国家权力的肆意侵害。所以，宪法是一种契约，而这个契约的主要内容即为对国家权力的规范和对公民权利的保障。

这些观念基本上已为世界绝大多数国家视为常识，并被大多数国家所接受，在社会契约论对国家的权力和人民的权利做出二元区分并对其关系进行了经典论述之后，依靠权利对权力进行正当性的追问就扩展成为权力正当性追问的常态。在社会契约论确立的二元对立的框架中，权利依靠其先验的不可动摇的绝对性获得了优先地位，并实际上发展成为某种权力的正当性的实质性的标准。在社会契约论的模式下，某种权力是否有其正当性的判定标准实际上转化为它是否确实有效的保障了人民的权利，只有确实有效的保障了人民的权利的权力才能获得人民的赞同，并具有正当性。

社会契约论中实际上已经在逻辑上蕴含了现代国家——社会二元理论的原型。依据社会契约论，既然为了保护人民的权利要对国家权力进行限制，那么，这种限制就具有了目的上的合理性。依据各个国家政治生活实践和政治理念的不同，各个国家都发展出了自己的一套制衡的方式，如美国的三权分立与制衡，英国的普通法院的审查。为了完成对人民的权利的保护，西方各国又发展出了有限政府、最小政府、人权至上等理论，完整的西方现代政府理论框架由此确立。时至今日，社会契约论的基本观念仍然是绝大多数国家和人民所信奉的基本政治正当性观念。

第五节　正当性的价值论转向

在依据自然法和自然理性推导出的社会契约论建立起现代国家——社会政治秩序的基本正当性理论之后，正当性理论中的理性概念被译解成现实的工具理性的概念。某种社会形态及统治行为的正当性不再直接地诉诸于先验的理性，而是转向立足于社会现实和经济制度的具体情况，并依据其效果和功能来判定其合理性，并依据此工具合理性来获得正当性，在此基础之上，依靠抽象的理性人的理性建立的正当性开始向现实的理性人的理性建立的正当性转变。这一过程因此体现为一种哈贝马斯所论述的"经验合法性"的判定过程，即依据时代状况的变化不断地对现实的社会要求做出反应以维持其统治秩序的正当性。[1]这种不断调整的

---

[1] 哈贝马斯把历史上的正当性类型分为经验主义和规范主义两大类。经验主义主要以被统治者的认同作为其正当性的基础。凡是被大众所相信或认同的、能保持大众对其忠诚的就是正当的。而规范主义正当性理论则把某种永恒的美德、正义观念作为正当性基础，而不依赖大众对它的相信、赞同和忠诚，只要它是符合永恒正义和美德的，就是正当的。参见哈贝马斯著：《交往与社会进化》，重庆出版社 1989 年版，第 206 页。

过程就体现为西方社会的国家——社会关系理论的不断调整以及西方社会的社会结构的变迁。

最早对"丛林中的原始人的正义"进行修正的是功利主义。以边沁、密尔父子为代表的功利主义从人类的需要的几个心理学公理出发，试图建立起一门与现实需要相符合的立法和政府理论。边沁认为，"最大幸福或最大福乐原理"是人类行动的正确适当的目的，而且是唯一正确适当并普遍期望的目的，是所有情况下人类行动特别是政府权力的官员施政执法的唯一正确适当的目的。[1]在边沁看来，政府的合法性已经转变为最多数人的幸福价值的叠加。这与洛克式的政府的合法性来源于对个人生命、自由和财产的保护相比是一种较大的价值观转向。

边沁之后的密尔完善了其父老密尔的功利论学说，在功利主义的基础上进一步发展出了自己的政府正当性的理论。密尔认为社会个体享有消极的、不受政府侵犯的自由。个人先于国家、社会，比国家更重要。个人自由才是国家正当性的最终依据，而政府的正当性在于政府可以"履行促进社会普遍的精神上的进步"以及"将现有的道德的、智力的和积极的价值组织起来，以便对公共事务发挥最大效果"国家的价值，在密尔看来，归根结底还在于组成它的全体个人的价值。但是，只有在适当的教育制度下，个人才具有自由的追求自己的利益所需要的智慧，而人只有在一个文明的社会中才能最大限度地实现他们的幸福；所以个人的自由并不妨碍政府履行促进社会进步的义务。因此，"一切政府的活

1　［英］边沁：《道德与立法原理导论》，商务出版社 2000 年版，第 57 页。

动，只要不是妨碍而是帮助和鼓舞个人的努力与发展，那是不厌其多的"。[1]

总体而言，社会与国家之间的对立，在功利主义论者那里尽管还没有彻底消失，但也已变得相当缓和了，国家对社会所具有的积极意义已经突破了"守夜人"的最小政府理论，获得了某种程度的承认和发展，政府可以适度干预个人的行为在功利主义那里依靠"最大多数人的最大幸福原则"所提供的目的论论证而获得了正当性。政府适度干预社会生活的正当性的获得实际上多少改变了最初的社会契约论者对国家和个人关系的界定而把二者分野的界限略微拨向了国家一边。国家行为的正当性的获得除了保护人民的"生命、自由与财产"之外，还获得了一种目的论上的辩护，国家行为可以以"社会公益"为目的而获得正当性认同。功利主义已经认识到了国家和社会之间相互促动的可能性，但是，从本质和最终目的而言，公民的权利和自由的保护仍然是国家正当性的终极标准，功利主义论者并没有否认这一点，除了教育权等仅有的几个功能之外，国家不应当有更多的行为来消除公民之间实质上的差别与分化。总体而言，这种正当性的认可仍然是自由主义的。

功利主义所提倡的国家权力的适当扩张可以获得正当性认可的现实原因还在于资本主义生产形态经过16、17世纪的发展，到18、19世纪已经达到了相当规模，西欧的资本主义化进程已经突破了狭小的国内市场限制开始向世界扩张。资本的扩张此时需要

---

1 ［英］J. S. 密尔著：《论自由》，商务印书馆1996年版，第125页。

的不仅仅是冒险家的精神，更需要以国家的强制力量来为资本主义的生产方式在全球的扩张铺平道路。资本生产的基础性条件，如统一的货币制度、贸易制度、法律制度等都在客观上产生了强有力的一体化的需求。这股统一化的需求是西欧统一民族国家诞生的强有力的推动力，也是各国政府行动能力不断增长的原动力。如果说社会契约论借助自然法，借助理性在资本主义生产方式产生的初期捆住了国家的手脚的话，功利主义则是凭借资本利益的需要给国家略微松开了手脚，使其服从于资本主义生产方式的需要。国家行为能力的扩张和国家逐步增长的行动能力的正当性最终来源于资本生产方式的需要，来自依存此种生产方式而生存的社会强势群体——资产阶级的需要。现代国家行为正当性的产生及变迁都有同质的现实基础。

第六节　法律正当性的价值观整合

资本主义生产方式和政治统治秩序获得正当性地位以后，以自由放任为基本原则的市场和民主代议制为核心的政治体系合力试图为资本主义生产方式奠定永恒的经济和政治基础，但实践证明推动社会极大进步的自由主义导向的资本主义并不能一劳永逸地解决所有问题。伴随着自由资本主义生产方式所带来的社会阶级的严重分化进而导致的贫困与苦难在19、20世纪导致了多次大规模的社会动荡。无产阶级的贫困与苦难也深深震撼了19世纪西方社会思想家。以马克思、恩格斯为代表的一大批社会主义思想家对资本主义社会进行了透彻的分析，对资本主义的生产方式提出了严厉的批判，并提出了以革命的暴力方式推翻资产阶级专政，建立无产阶级专政，并以社会主义计划经济生产方式重构公平合理的共产主义社会的方法。而 19、20 世纪资本主义社会的多次社会民主运动则有力地冲击了资本主义的正当性基础。资本主义社会面临着前所未有的正当性危机。如何调整资本主义国家生产方式及上层建筑结构使其得以维护其经济基础和统治秩序的正当性成了困扰 19 世纪末和 20 世纪西方学者的首要难题。

英国政治学家格林为西欧国家在社会和经济事务上放弃放任主义转向国家干预开拓了一条全新的道路，也为 20 世纪宪政理论发展奠定了理论基础。格林把国家看作一个道德共同体，认为个人应积极参与国家生活和国家事务。基于国家的道德宗旨，格林论述了国家干预的正当性：国家干预是国家代表社会共同利益，对个人意志的一种修正和调节。国家的举措虽不能直接促使道德之善的实现，但它却可以创造一个外部环境，使道德行为可以在其中实现，比如国家可以通过实行强迫教育制度、推行禁酒令、限制土地私有等手段来消除阻碍人们道德进步的障碍。[1]

继格林之后，霍布豪斯、杜威等人发展了格林通过国家干预促进共同之善实现等思想，最终完成了对传统自由主义的改造。他们意识到了极端个人主义忽视了财富的社会性质，会造成极端的两极分化，造成社会的巨大的不公正，而这种不公正将损害社会、损害个人自身。与此相对应，民主政治不应当仅仅建立在个人权利或私人权利之上，也同样建立在个人作为社会一员的职责

1　邹永贤等：《现代西方国家学说》，福建人民出版社 1993 年版，第 86 页。

上。因此，传统的自由主义将自由与权威对立的观点是错误的，两者实际上是可以融通的。

在现实情况中，前苏联依靠计划经济的力量，在短时期内将落后的沙俄建立成了一个庞大的经济强国也给了西方国家以启示。1933 年，罗斯福总统上台后开始在经济上推行以凯恩斯主义为基础的"新政"（New Ordeal），依靠国家力量推动社会经济发展，并获得了巨大的成功。60 年代美国民主党总统肯尼迪上台后开始实施大规模的"从摇篮到坟墓"的福利计划，并在政治上逐步响应民权运动的要求，不断扩大民主政治范围。这两种经济和政治手段的合理运用有力地平息了 19 世纪以来对资本主义制度的正当性的怀疑，在 20 世纪最强大的国家成功地奠定了资本主义的正当性的社会认同问题，并在第二次世界大战后借助其强有力的经济援助帮助西欧各国进行了类似的民主政治改革和福利计划的推行，使资本主义的正当性重新得到了承认。

福利国家的出现及其宪制结构在很大程度上缓解了自由资本主义条件下所产生的政治、经济和社会危机。伴随着福利国家概念的扩展的是人权概念的变化。作为资产阶级革命时期的口号之一，人权概念是从自然状态和自然法中所推演出的概念。这一概念基于自然正义的合理性而宣布其所具有的正当性。而人权概念本身也因其与超验性神圣的关联成为判定国家及政府行为正当性的标准之一。启蒙时期和资产阶级提出的人权要求实际上并没有超出社会契约论者所论述的人的"生命，自由和财产"等几项权利，其实质所指的内容还是个人所具有的各项自由权，并在此上加上平等（实际上是资本的平等）一项，此时的人权概念并没有脱离先验的道德权利的要求，也没有扩展出公民社会福利权的概念。法国大革命的纲领性文件《人权和公民权利宣言》和美国宪法中的人权法案基本上限于个人自由的诸项权利。

社会福利权的概念的扩张是与西方社会对国家与社会之间关系认识的不断演进而逐步产生的。在自由资本主义时期，西方思想界已经有人认识到了适当扩张政府权利，依靠政府的力量来向社会提供必要的教育、医疗卫生条件的必要性。随着资本主义的现代化进程，由国家提供必要的社会服务的概念逐步深入人心。1919 年德国率先在魏玛宪法中规定了受教育权是一项国家应当提供的基本义务。此后，在西方各国宪法中，公民的个人福利权的概念范围不断扩大，直至二战之后福利国家的出现。此时的社会福利权的范围已经涵盖了公民日常生活的方方面面。医疗、卫生、教育、养老等各种社会福利制度构成了公民从出生到死亡都可以依赖的社会安全网。导致资本主义社会早期的两极剧烈分化对抗的经济鸿沟被福利社会的基本物质平等填平。国家应当为公民提供基本的社会物质生存条件的观念逐渐代替了启蒙时期的狭义的不受他人非法剥夺生命的生存权的观点。人权概念逐步纳入了人在一个社会中获得国家基本物质帮助的权利之中。尽管可提供的社会福利保障水平参差不齐，第二次世界大战后的各国宪法几乎没有例外的把公民的社会福利权纳入了基本权利体系。人权概念包含了人的社会福利权。人权概念由第一代的基本的个人自由权利实现了向第二代人权，主要是社会经济权利的扩展。依据人权的道德性评价为实质核心的传统西方社会的正当性理论也随之扩展为涵盖第一代和第二代人权要求为实质核心的正当性理论。在当今的世界中，一个国家仅仅完成了刑法上的保护公民的生命、财产和自由的基本义务而无法提供基本的社会福利所获得的国际社会认同恐怕不会太高，这其中所体现的是人权观念的进步和社会正当性认同基础的变更。

当然，大规模的福利社会也会带来一系列的社会弊端，在福利国家政策推行50多年后，美国陷入经济停滞，西欧经济在70年代末也开始放慢增长步伐。西方思想家针对大规模福利社会所带来的一系列弊端，重新拾捡起传统自由主义的思想，对国家和社会关系进行了进一步的反思。以罗尔斯、哈耶克等人为首的西方自由主义学派把国家和社会的界分又推向了个人自由一边。80年代里根政府开始逐步消减美国社会福利支出。在英国，保守党人撒切尔夫人大幅度消减了英国社会福利支出。西方的"放松管制"（Deregulation）过程重新给予了资本主义企业较大的活动自由。90年代，美国经济和西欧经济重新走上了复苏轨道。西方新自由主义在其中起到了理论上的先导作用，但其调整范围仍然没有超出福利国家的范围。可以认为，西方世界的正当性理论的经济基础仍然没有发生较大变化，但其正当性的社会认同基础却发生了较大的变化，主要表现为作为西方法治社会的核心构架的宪法观念实现了由社会契约论向社会共同体的价值观的转变。

二战之后，西方社会以人的尊严和人的自由为核心扩展的价值体系构成了现代西方法律正当性的核心。而战后诸多思想家以公正、权利、人的尊严的价值观念证成法律体系的正当性也为西方法律的价值化扩充提供了充分的思想资源。战后联邦德国宪法第一条："人的尊严不可侵犯"是西方法律寻求法律价值正当性的经典之作。美国联邦最高法院 1972 年阿米什人一案的判决则体现了美国宪法对少数群体生活价值观念的尊重。而最具代表性的当属欧盟宪法第二条："联盟成立于以下价值上：对人的尊严的尊重，自由、民主、平等、法治和对人权的尊重。这些价值对于一个多元主义、宽容、正义、团结和非歧视的成员国来说是共同的。"这些条文及判例的出现代表了现代法律正当性观念的价值化发展趋势。而正当性观念价值化的另一个重要标志则是人权观念在宪法领域中的出现。人权作为一种抽象的道德要求在战后逐步在西欧各国获得了宪法地位。欧盟各个成员国分别加入了《欧洲人权公约》。欧盟本身设有人权法院，其判例及指令对欧盟各国都有效。诉诸道德化的人权概念，建立以人权为核心的价值体系，用道德观念的正当性来论证各国宪法的正当性清楚地表明了现代西方法律试图依靠价值认同以获得正当性的努力。这种对价值认同的依靠也同时表明了现代西方社会试图以宪法为核心将一个社会的各部分依赖其共同的价值信念进行整合的转向，这种转向是建立在对公民的多元性和自主价值的认同上，与社会契约论相比，对社会的价值认同不再依赖于抽象的人的理性反思，而依赖于对具体的每一个个体的人或群体的特定价值和价值观的尊重。

现代法律所认定的价值观念互为补充，不仅从实质上论证了现代共同体宪法及其认可的社会制度的正当性，也从形式上造就了一种开放式的和协商式的宪法互动结构，为宪法不断地从与社会与公民的相互交往中获取新的正当性资源奠定了理论基础和制度框架，从而实现了国家与社会的良性互动，形成了稳定的宪法秩序，从而使法律的正当性认同基础不断扩大。社会共同体的法律观念塑造了一种价值多元化的基础上的共同合作社会的观念，从而较好地解决了多元价值观社会可能带来的社会冲突。法律——尤其是宪法，不仅仅成为一个各阶层民众权利的宣言书和与国家的契约，更成为凝聚一个社会全体公民意识的象征，成为整合一个社会的根本框架。社会共同体宪法观念在解决西方社会正当性危机的过程中成功地吸收了社会契约论宪法和阶级分化论宪法而发展出一种合作主义的宪法观念，其理论和实践上的成功代表了现代法律如何解决合法性问题的一种可能的发展方向。

第七节　美国的社会分裂与正当性价值共识问题

翻开现代西方国家的法律——尤其是宪法，基本都是价值观的集合。从简单的美国宪法的"树立正义，保障国内的安宁，建立共同的国防，增进全民福利"到法国宪法的"自由、平等、博爱"等，基本上所有的现代价值观念都有体现。按理来说，现代法律的合法性建立在价值认同的基础之上，越来越多的价值观都得到了尊重，社会应当更加和谐，然而，事实却是，对多元价值的尊重并没有创造出和谐的人间天堂，而是制造出了更加难以化解的矛盾。

2020 年，美国总统选举就最典型地体现了这种分裂。在民主党人拜登赢得选举后，在任总统特朗普及其支持者发动了声势浩大的抗议和游行示威，拒绝承认选举结果。发展到最后上演了示威者冲击美国国会大厦的闹剧，并最终造成了人员伤亡。作为世界第一强国，200 多年的老牌民主大国，最终却上演了一出第三世界民主国家经常出镜的民主丑态，让全世界人民对美式民主大失所望。

美国 2020 年大选闹剧实际上是美国社会两极分化以及分化带来的价值观体系矛盾的集中爆发。收入分配不公平和社会不平等，一直是美国社会的痼疾。20 世纪 80 年代以来，美国贫富两极分化呈现持续加剧态势，美国最富有的 1% 家庭的收入占全国总收入的比重从 1978 年的 9% 上升到近年来的 20%；美国前 10% 家庭拥有的财富占全国所有家庭财富的比重超过 75%，后 50% 家庭拥有的财富占比仅为 1%。2017 年，非洲裔美国人家庭净资产中位数仅为白人的 10.29%，拉美裔为 12.11%。根据美国劳工联合会-产业工会联合会公布的《高管薪酬观察》报告，美国首席执行官的平均工资和普通员工的平均工资之比，1965 年为 24 倍、1979 年为 35 倍、1989 年为 71 倍、1999 年为 299 倍。另据美国经济政策研究所发布的研究报告，2015 年美国大型企业首席执行官一年的平均薪酬高达 1550 万美元，为普通员工平均年收入的 276 倍。[1]

而根据美国 Go Banking Rates 的统计数据，有 34% 的美国人账户上没有存款，这个数字意味着美国的总人口中有超过 1.08 亿的人没有储蓄。其余的被调查者中，11% 的人储蓄介于 1000 美元至 4999 美元，4% 的人介于 5000 美元至 9999 美元，仅有 15% 的人储蓄高于 10000 美元。[2]

---

1 李文：《美国人为什么生活在"两个不同的美国"——新自由主义如何加剧美国社会两极分化》，载《人民论坛》2019-11-25。

2 寒竹：大选年看美国之一——精英与大众的分裂—qingshuiyihong，新浪博客。

美国学者 Kathryn J. Edin 和 H. Luke Shaefer 在 2015 年出版的 *$2.00 a Day: Living on Almost Nothing in America* 中指出，在 1996 年，美国大约有 150 万个极度贫困的家庭每天靠 2 美元生活，而到 2015 年，这种极度贫困的家庭数量已经增加到 300 万个。[1]

自美国建国以来，社会精英阶层与草根阶层的财富差距就始终是美国社会冲突的原因之一，上述社会结构的变化不仅局限在美国，在大洋彼岸的英国及欧洲大陆也同样存在。几乎整个西方资本主义国家基本上已经分裂为精英阶层与草根阶层两大阵营，前者是资本精英、知识精英和政治精英的精英联盟。资本虽在这个联盟中居于主导地位，但在数量上已经不占多数；后者虽然自我界定为草根大众，但其中也不乏农场主、小业主等占有一定生产资料的资本所有者。所以，支持特朗普的美国民粹主义者和英国主张脱欧的民粹主义者并非劳工阶级的同义语，更不是先进生产力和进步的代表。二者的分野仅仅是精英与草根的分野。精英阶层热烈拥抱全球化和国际化，草根大众则坚守本土主义和地方主义；精英阶层推崇虚构的普世价值，草根大众则高扬极端的民族主义；在财富的分配上，前者对全社会构成了一种新形式的剥夺，即通过对知识和技术的垄断地位对社会进行剥夺；后者虽然自称草根，但在内部仍然存在着大量的中小资本对员工的剥夺。从这意义上说，希拉里与特朗普之争只能说是精英联盟与草根联盟的价值观之争。

1　Adam, W., Cless, S. B., Elizabeth, Kiss, D. Ph. Edin, K. J., & Shaefer, H. L.（2015）. *$2.00 a Day: Living on Almost Nothing in America.* New York, NY: Houghton Mifflin Harcourt. ISBN: 978-0-544-30318-8. pp.210.

糟糕的是，美国的民主制度无法为这种价值之争提供解决途径，在一定程度上还加剧了这种价值观之间的冲突，原因在于：在民主制度下，获取选票的短期需求总是压过可以弥补价值差距以及形成合作的长期需求。投票民主制度下政治家的第一要务首先是获得选票，而为了选票就只能迎合大众短暂的需求，追求"短期政治后果"不断强化自身与对方的对立。这恰恰是民主社会里的阿喀琉斯之踵。因为在野党在没有权力的情况下，根本谈不上实现自己的任何政治目标，无论是短期还是长期，所以他们首要的任务，就是夺回权力。而要夺回权力，就必须强调短期后果。这是民主政治中一个非常难以解决的问题。事实上，在美国的历史中，凡是能实现长远目标，给美国社会带来根本性改变的政策，基本上都是在一党长期独大，他们无需担忧失去权力的情况下做出的，比如杰克逊总统时期的美国政治平民化；林肯总统时期的全面废除奴隶制，将美国带入了工业时代；小罗斯福总统时期到林登·约翰逊总统时期的全面美国社会改造，这些重大历史改变，都需要一个稳定的长期执政的政党来把政策持续执行下去。

而反过来，在一个两党激烈交锋的情况下，大家都会更加关注于是否能够得到权力，而无暇也无必要去关注所谓长期后果，比如1798年联邦党人为了打压反对派而出台的"镇压叛乱法"，联邦党人为了保住自己的权力，差点扼杀了美国的言论自由原则；1873年经济危机削弱了当时强势的共和党，导致了1877大妥协，共和党只要短期的权力，而放弃了解放黑奴的政治长期目标；尼克松为了保住权力，不惜动用美国司法部力量；今天的特朗普可以直接煽动暴乱攻击国会山。在残酷的政治斗争中，首先被牺牲掉的，是一个国家发展需要的长期目标。这一问题目前来看，还找不到可能的解决方案。另一方面，在社会差距不大，中产阶级占据主导地位的时代，经济发展可以掩盖大部分的价值观问题，这种价值观的冲突还不是特别明显。而在经济差距不断加大，中产阶级不断坠入贫困的情况下，民主制容易导向民粹主义，导向极端化的缺陷就暴露无遗。

西方国家法律虽然来源于如此众多的价值观，但价值观之间实际上也是有冲突的。所以，问题并不在于法律可以保护多少价值，而在于在发生价值冲突时，何种价值才是居于最优先的地位的。因此，最优先的价值观才是决定一个社会的决定性价值观。从美国的情况来看，美国仍然是把个人自由放在所有价值的前面。在社会公平与个人自由发生冲突时，美国法律的价值选择是牺牲社会公平，保护个人自由。这一价值选择是有利于精英而不利于普罗大众的。社会精英毕竟是少数，大部分人都是普通人。最高价值的精英导向与大多数人的平凡命运决定了美国法律的正当性始终处在不断的争议之中。虽然以美国目前的强大，这种纷争不至于达到酿成美国南北战争时南北双方冲突的程度，但美国社会价值观之间的激烈冲突对民主制度的合法性不断地造成的冲击将会不断地削弱其在全球的影响力。

第八节 中国现代政治正当性观念的转变

正如前文所述，中国在封建帝国时代结束之前，一直采用的都是传统的正当性证成方式。统治者的政治正当性和法律的正当性来源于其神圣性及道德性。在很大程度上，儒家道德观念和道德秩序代替了统治者的神圣成为法律秩序正当性的基础。然而，中国历史的循环过程和政治秩序却被西方工业文明的入侵打断。中国的现代化进程是一个被西方殖民体系纳入世界经济一体化的过程。在中西方两种文明的交锋中，以儒家文化为主流的中国文明被迫以一个落后者的身份加入世界现代化的进程中去。哈佛大学历史系教授费正清建立的"冲击—反应"模式来研究这一现代化进程得到了不少认同。[1]

中国文明被迫以一个落后者的身份加入世界现代化的进程中，中国面临着不同于资本主义现代民族国家诞生时期的社会环境。现代意义上的民族国家，最早出现于欧洲，尽管是民族国家，但其基础并不主要建诸于民族的血缘、传统等传统的社会认同基础之上，而是诉诸个人的利益联合。社会契约论者，霍布斯、洛克、卢梭一脉相承，系统地论证了国家的起源、目的、性质、国家与个人之间的关系，提出了权力与权利的渊源关系及优位次序，从而把个人的利益作为了组成社会的基本原则。这一套系统的社会理论立基于个人之上，把个人利益放置到了国家之上。国家的建立只是为了更好的保护公民的生命、自由和财产，而人民之所以出让自己的权利，只是为了更好地保护自己的权利。这些启蒙思想观念对国家、政府、社会、个人之间的关系做出了新的解释，

1　［美］费正清、崔瑞德主编：《剑桥中国史》，中国社会科学出版社 1999 年版，第 2 页。

一种以个人权利为社会之根本的社会观念逐步遍及。在西方的民族国家的形成过程中，我们可以看到，西方的民族国家概念是与个人自由并存发展并相得益彰的。民族国家作为整体性的目标必须服从于个人权利。其正当性的论证受到个人自由的限制。二者的发展是平行的。在某些情况下个人自由还往往压倒了社会整体性目标的实现。美国由《邦联条例》向美国宪法的过渡是一个极好的例证。在美利坚民族的形成过程中，美国各州由于担心类似欧洲君主集权式的强势国家的出现而迟迟不肯将诸项权力移交美国政府，从而长期使邦联政府处于软弱无力的状态。而作为与联邦党人讨价还价，同意美国宪法的条件之一，张扬个人自由权利的十条修正案成了制衡国家权力的有力武器。在其中可以看出近代西方民族国家的出现，可以说是一种自由主义运动与民族国家相互作用相伴而生的结果，新的强有力的社会组织——国家的出现是与个人权利和市民社会的扩张同时同步的过程。西欧市民社会的形成发展与西欧各民族国家的形成史也清晰地显示了类似的过程。新型民族国家的出现，以其强有力的社会动员方式和控制方式极大地推进了资本主义的扩张，成为资本主义向全球扩张的有力武器。民族国家的社会组织形式也逐步以其高效率和严密的组织形式成为现代社会基本的组织形式。但在其产生的初期，它与个人自由的关系在西方就有了较为理性认识。个人自由始终是其正当性的来源。但在中国由封建帝国向现代民族国家转变的过程中，中国传统文化无法解决儒家文化体系之外的西式文明的挑战，在内部也无法发展出可更新利用的文化资源，从而处于空前的文化危机之中。这种文化的危机感在中国的精英阶层造成了极大的恐慌。外来文明的威胁始终伴随着中国封建社会的解体和向现代民族国家过渡的过程。在这种情况下，外来入侵者的物质和精神威胁始终居于主要地位，统合性的民族主义的独立自主总体性政治要求压倒了其他一切个人性的要求而始终居于主导地位。以最快、最有效率的方式实现民族独立和国家富强具有无可辩驳的优先性。这种要求甚至压倒了宪法的其他民主、人权之类的一般性要求，甚至可以为封建统治提供正当性。正如郑永年在《中国民族主义与自由主义研究大纲》中所指出的：在西方社会，现代民族国家是民族主权和人民主权两种主权的互动过程。人民主权是民族国家产生的前提，但是民族主义在中国的过程传播中，由于条件的变化，两种主权之间的关系也发生了变化。具体表现为：两种主权被分离开来，民族主权渐渐占据最主要地位，而人民主权逐步趋从于国家主权，民族主义变成了国家主义。人民主权让位于国家主权。[1]

现代意义上的中国民族国家的形成是在辛亥革命之后。在此之前，中国只是一个封建帝国或者说传统文化共同体，并不是现代意义上的民族——主权国家。中国是作为西方殖民体系运动的一部分被迫卷入现代化的进程的，中国的现代化进程也就是中国民族国家形成的进程，也是现代中华民族的形成过程。在中国的儒家文化与西方的较量中，中国处于落后的地位，在中国各阶层试图以传统的社会资源整合方式完成中国向现代化民族国家的转

1　［新］郑永年：《中国民族主义与自由主义研究大纲》，见《公共理性与学术》，北京三联出版社 2001 年版。

变失败后（包括传统的封建式的太平天国运动和传统的士大夫阶层的百日维新），西方当时最先进民族主义的思潮接过了历史的使命，使用民族主义这一最具包容性和号召力的利益共同体的观念辅之以现代化的官僚层级结构深刻地改变了中国社会，强有力地整合了分散的中华文化共同体的社会资源，并完成了向现代民族国家的转型（从这个意义上来说，说传统中国社会是一盘散沙是不正确的，分散化是传统中国社会的结构性特征，这种评论犯了评判观念沙文主义的错误）。无论是孙中山先生的"民族、民权、民生"三民主义还是中国共产党的最低纲领，都是民族主义的纲领，从民族主义的角度来看，国民党和共产党以民族主义整合社会资源，动员社会力量争取民族独立的进程都是成功的。正是在与封建王朝和西方殖民地国家的较量中，一个现代意义上的中华民族诞生了。[1]

由于现代中国建基于世界民族独立运动时期，所以也不可避免的带有民族独立国家的价值取向，其核心的整合方式建基于民族利益的利益认同和民族的身份认同之上，加之中国宪法诞生于意识形态激烈对峙的时期，受意识形态影响较大，表现出强烈的意识形态风格。以上几种因素共同铸造了一种完全与西方社会契约论宪法和社会共同体宪法精神和价值追求迥然不同的集体主义品格。

中国宪法的集体主义品格在正当性塑造方面完全不同于现代西方国家宪法的另一个重大区别在于价值目标的判断上。民族富

1　徐迅：《民族主义》，中国社会科学出版社 2002 年版，第 56 页。

强这一价值观念始终居于国家价值观念体系的核心。我国 1954 年宪法序言中写明"保证我国能够通过和平道路消灭剥削和贫困，建成繁荣幸福的社会主义社会。"1982 年宪法序言则是"把我国建设成为富强、民主、文明的现代化国家"。社会主义核心价值观中更是直接把富强摆在了所有价值观的第一位。

以富强为价值核心的现代中国政治正当性有自己的逻辑。国家富强为首的价值观并不是要牺牲个人自由，更不是要牺牲民主、法治等价值观，而是意识到自由、民主等价值观的实现，要以国家的强大和个人的富足为基础，没有实力支撑的民主和自由只会流向民粹的动荡和"睡大街的自由"。

于是，在中国的发展历程中，国家建设始终被放在了第一位。经过几十年的国家建设之后，中国的经济建设取得了举世瞩目的巨大成就。而经济建设的成就为中国开展大规模的社会建设奠定了坚实的基础。2021 年，中国全面实现了小康社会的目标，彻底消除了绝对贫困。这实际上是在实现公平的价值目标。而在有了经济基础之后，保障公民生命健康的医疗和养老事业也得到了巨大的发展。医疗保险在中国全面推开之后，居民看病的费用逐渐转为由国家负担大部分。并且与美国医疗行业的高度垄断造成的巨大保险负担不同，中国通过对医疗事业的强有力监管使得医疗保险并没有成为广大人民的负担。

而在教育方面，有了强大的经济基础，中国的教育开始向教育公平和提升素质方面进行。根据第七次全国人口普查数据：与 2010 年第六次全国人口普查相比，每 10 万人中拥有大学文化程度的由 8930 人上升为 15467 人，增加了一倍以上；拥有高中文化程度的由 14032 人上升为 15088 人；拥有初中文化程度的由 38788 人下降为 34507 人；拥有小学文化程度的由 26779 人下降为 24767 人。全国人口中，15 岁及以上人口的平均受教育年限由 9.08 年提高至 9.91 年。随着教育程度的提高，教育竞争加剧，中国又开始了教育公平的整治。超前教育、补课教育过度资本化，天价学区房等损害社会公平和未来社会发展的力量又一次得到了遏制。

在公民最关心的养老方面，同样是在强大的经济基础上，中国的养老事业有了长足的进步。企业退休人员养老保险连续多年上涨。全国养老实现了国家统筹，保证了养老方面全国基本公平。

中国在医疗、教育、养老三方面取得的巨大成功为中国政府和中国共产党获得全国人民的一致拥护奠定了强大的社会基础。毕竟人类社会共同生活的基础首先就是能够保障自己的生命、自由和财产，而这几项目标都可以在不需要美国式民主的情况下实现，这用事实证明了实现人民想要的生活目标并非只有美国式民主一条道路可以选择。中国共产党领导下这些目标甚至可以高水平地得以实现，这足以证明中国政府和中国共产党的执政能力远远超过美式民主能够选举出来的政府所能设想的最高水平。

西方国家往往误以为民主投票才是政府获得正当性的唯一途径。但这只是西方社会自己制造的神话而已。政治正当性的获得，看起来是通过民主，实际上是通过民主制度来实现自由、公平等价值。最终的认可还是来源于对价值观的认同。完成一次民主投票很容易，但要实现民主投票者试图实现的各种价值则很难。中国政府选择的是难度最大的正当性认同方式，这种方式随着中国实力的增长已经得到了越来越多的不会被美国的民主神话欺骗的人的赞同。中国不会像美国一样热衷于向全世界推广中国的价值观。但中国以国家富强带动国家发展，提高人民生活水平，实现共同富裕的政治合法性道路无疑给世界各国向往自由、公平的人民以珍贵的启发。

第八章 结语：合作者生存

价值观是人类生存和竞争的产物。所以价值观必定会有适者生存的问题。而关于适者生存，人们对它最大的误解就是把它理解成"强者生存"。而所谓的强者在历史上曾经被各种社会群体出于各种目的定义过。德国纳粹更是登峰造极地将其定义为日耳曼血统主义。但德国纳粹的定义并不比他们的替罪羊犹太人好到哪去，犹太人也认为自己是强者，因为他们是上帝的选民，上帝站在他们一边。

达尔文主义在第二次世界大战之后因纳粹之名名誉扫地，以至于人们都在人类社会生活领域羞于再次提起达尔文。然而，这在某种程度上是错怪了达尔文，把纳粹对达尔文的误解当作了正确的理解。但很明显，纳粹的社会达尔文主义是错的。达尔文说的是适者生存，而不是强者生存，更不是说只有统治了欧洲才能生存。只有能适应生存环境的物种才能存活下来，而最能适应环境的物种并不一定是所谓最强的物种。6500万年前，在地球上最强大的物种是恐龙，然而，随着小行星的撞击，地球的生存环境发生了巨变，最具统治力的恐龙一下子成了最难以适应巨变后环境的物种，迅速走向灭亡。在人类进化的过程中，人类可谓是屡弱至极，手无利爪，身无坚甲，爆发力和运动能力都堪称末流。但人类用合作适应了残酷的东非大草原生活，最终一跃成为生物圈食物链顶端的王者。比人类强悍得多的猛犸象、剑齿虎等生物都被人类相互合作的狩猎团体在短时间内迅速灭绝。而体格比人类强壮许多的表亲大猩猩，却只能在越来越小的东非丛林中仰仗人类的保护继续艰难生存。同样，苏联曾经如此强大，把美国都逼到了不得不放下身段和中国合作的地步，然而，再庞大的军事力量也无法阻止离心离德，没有了共同价值目标的苏联就会解体。

人类经过百万年的进化的身体早就明白了：合作才是生存的关键。人类对他人遭遇的同情心和同理心与大脑中的镜像神经元细胞高度相关，这些大脑生理活动是人类合作的生理学基础，也是自闭症患者的病因。人类在遭遇到不公时强烈的愤怒情感，在违反社会规范时的内疚感，都是为了适应群体内的合作而进化出来的生理特征。人类的身体理解：一切为了与同胞合作，因为只有合作才能生存。

人类的历史也早教会了真正明白的智者：人类社会群体的强大并非来源于其拥有的外在的力量，而在于其合作的深度和广度。解放战争前夕，国民党依靠美国和苏联的支持拥有了强大的武装，最终却败给了小米加步枪的共产党。国民党到现在也没明白自己不是败给了小米加步枪，而是败给了土地改革后几亿愿意和共产党合作的农民，甚至倒戈的国民党士兵。1948 年，东北野战军歼灭廖耀湘兵团时，一次俘虏了 8 万人。解放军直接用树枝架了一个门，上面写"解放门"三个字。愿意参加解放军的，就从这个门走过去。想回家的，直接领两块大洋走人。结果，有近 6 万人选择加入解放军。淮海战役时，32 万国军被俘，将近 30 万人加入了解放军。基本上，国民党士兵上午被解放军俘虏，中午接受下教育，下午就扛起枪打国民党军去了。这也不能怪国民党军普通士兵不爱"党"，他们大都是被抓来的壮丁，本来就是穷人，本来就不是国民党。这些人只要了解了解放军政策，了解共产党土改的政策，马上就成了解放军战士。解放军部队减员可以迅速得到补充，而国民党只能靠拉壮丁。武器的领先可以领先一时，但最终是与人民的合作让解放的农民认同共产党，认同解放军，让解放军最终后来居上，取得了解放全中国的胜利。

在这个"政治正确"不断增加的时代，重新理解达尔文的适者生存的人类版本——合作者生存——对于我们清醒地认清事实，保持头脑清醒是至关重要的。1492 年之后，西方通过地理大发现、殖民掠夺以及工业化建立了领先世界的优势。不得不承认，过去的 500 年间是西方领先的时代。没有西方在过去 500 年间科学技术的成就，人类还只能生活在煤油灯时代。西方少数国家是过去 500 年间的最大的成功者。人们总是相信成功者，模仿成功者。只要成功了，胡说八道都有人信；失败了，金玉箴言也是废话。西方民主创造的领先让人们愿意相信达尔没有多少说服力的"民主可以带来繁荣"。而在苏联解体之后，美国独享全球超级大国地位 30 多年，更是不遗余力地在全世界推广其民主自由价值观。更有哈佛教授福山提出了"历史的终结"，宣称世界将终结于西方式的民主和自由社会。经过几十年的宣传，美式民主变成了不容置疑的政治正确。但现实却是美国式民主并没有让相信者走向繁荣，而是制造了更多的混乱。最终，连美国也走向了民粹。如果从合作者生存的角度来看，我们就不会对美国式民主有那么高的期望。民主没有绝对价值，如果能够促进社会合作——例如在美国农业社会时代——它就是有价值的（虽然当时也没多少人有民主的权利）；而当民主阻碍了社会合作，甚至成为阻碍社会合作的工具时，民主的价值就应当受到严格审查。投票就能制造合作与繁荣的话，印度早就是世界第一了。印度愈演愈烈的民粹主义民主注定只会将其永远锁在混乱与贫穷之中。

同样，市场经济是非常有力的促进人类合作的手段。苏联的溃败在美国世界最强的宣传机器的宣传下成了"不相信市场经济就是死路一条"的新鲜典范。但是，市场经济本身同样并非绝对价值。市场经济的价值同样应当接受"合作者生存"的检验。在促进市场人类合作方面，市场经济的确是厥功至伟，威力巨大。但是，市场经济同样有可能会阻碍合作的地方。市场经济始终会分出胜负，而且市场经济不可避免地会走向垄断。而当垄断资本继续按照市场经济的规则无限扩张时，贫富差距、社会矛盾增加等将逐步变成阻碍社会合作的因素。韩国因为独特的财阀经济，社会差距逐渐加大，普通年轻人无论再怎么努力，这辈子也不可能买得起房子、养得起孩子。于是他们索性"躺平"，不工作（偶尔打零工）、不结婚、不消费，拒绝被资本剥削。韩国人口快速下降已经成为韩国的难题。市场经济造就的两极分化在美国则使得共和党和民主党的尖锐对立、政治极化日益严重。社会合作程度下降，冲突和对抗不断加深。如何限制无限扩张的资本对社会合作带来的冲击是所有愿意认真思考自身群体命运的现代人必须面对的难题。

合作作为元价值观的确立还能让我们在这个价值观剧烈冲突的年代理解中国社会主义核心价值观的优势何在，中国传统文化的有价值的部分到底在哪里。500 年来，面对西方强势文化的步步紧逼，溃不成军的儒家虽然被打得满地找牙，但落败的儒家个个都是纵横家：粪臭犹在不足惧，舌在足矣。[1] 成天幻想着从几本古书里刨几句圣训就可以当国师拯救中国，拯救中国人堕落的抖音、快手、拼多多之魂。招数虽老，但凭着"不信不是中国人"的道德绑架，乘着所指不明的"发扬优秀传统文化"的东风，颇能蛊惑一批信众，结果是诵经成风，国学大师横行，国学院大学这种非法组织到处坑蒙拐骗，女德班居然大摇大摆走进大学讲堂大放厥词。这些荒唐的现象背后实际是一个中国文化必须要搞清楚的价值哲学理论问题：什么是优秀文化？无条件地接受中国传统文化实际上是真正的文化不自信。美国用什么文化吸引全球移民？靠的并不是西部牛仔、可口可乐，靠的是在欧洲混乱的 19 世纪，美国可以提供的生存机会、发展机会、自我实现的机会；靠的是社会主义核心价值观一模一样的"自由、平等、公正、法治"——虽然只是跟当时的欧洲和亚洲相比相对当时好一点，虽然美国实现这些价值观靠的是基督教传统，"打土豪（印第安人）分田地"，普通法制度和美国联邦最高法院。这些制度和文化背后的价值观才是促进人类合作的终极武器，促进这些价值观的文化才是真正的优秀文化。美国人的确越来越爱吃中餐，但这并不是美国人羡慕中国的根本原因。美国总统老布什喜欢吃中国菜并不会让他羡

---

1 《史记·张仪列传》。

慕中国人的生活。特朗普的孙女能说一口字正腔圆的中文并不妨碍他认为中国是自由民主的敌人。把一些琐碎的生活细节当作中国文化的核心要义是把美学问题和口味问题当作了严肃的价值观问题。热衷于传播琴棋书画这些中国文化形象，却对孔子学院里孔子过时的贵族思想与西方社会平等价值观念的冲突心不在焉，结果只能造就孔子学院不断被质疑的尴尬。人类天生自带价值观，文化在很大程度上必须要服从价值观的需要，有价值的文化必定是能够促进社会合作、国家富强和个人幸福的文化。这其实就给传统文化确立了一个区分的标准。中国人世俗的价值文化让中国免受宗教保守势力的冲击，极大地消减了因宗教造成的不可调和的价值观冲突。这是中国文化的幸运之处，也是应当加以保护的传统文化。而道教的祝由之术，《易经》卜筮之类封建迷信近年来沉渣泛起，再任由其发展下去只能和印度的"牛粪治百病"一样成为愚昧的象征。而民办诵经学校之类直接造就一批知识上与现代社会脱节，价值观上与现代人冲突的无辜被害儿童，实在是传统文化糟粕对现代文明的犯罪。

在价值观和传统文化的关系上，一个误区就是认为必须要有特色才能有文化自信。因此，西方最先提出的自由、平等、公正、法治是西方的玩意，因此不能和世界比较这些价值观，否则显得中国落入了西方的话语窠臼。但这是文化不自信的表现。价值观的实现要比价值观实现的形式重要得多。有没有中国传统特色其实并不重要，一个人穿着西装体面地生活在一个自由、平等、公正、法治的社会中难道不比他做一个农奴毫无尊严地穿着民族服装跪在地上服侍贵族更好吗？

西方文化经常有一种无意识的沙文主义：总觉得现代价值观及其推动的文明只应该由自己享有，世界其他部分就应该"呈现出西方人想象中的样子"。于是，在这种文化沙文主义看来，西藏人民就永远应该住在富有民族特色的帐篷里，不用读书只用诵经，每天吃富有民族特色的高油高盐的酥油茶，生病了就应该去从林芝磕头到拉萨求活佛保佑，最多使用富有民族特色的藏医糊弄一下然后回家等死。所以，中央政府给牧民建了楼房、建了医院、修了学校、让牧民开始在城市生活就是"迫害少数民族"，"毁灭少数民族文化"。难道藏区牧民就没有资格享受现代文明带来的安全、卫生和舒适吗？为了西方人眼中的"文化特色"，生病的藏民难道就应该放弃医疗等死？这种说法和美国人的"中国人吃肉，世界就会毁灭"有何区别？美国人是人，可以吃肉，中国人难道就不是人，就应该吃草？而儒家传统文化的颂扬者就是想用同样的套路用道德套锁绑架中国人。难道因为孔子赞成贵族制、君主制，中国人就不配享有平等权？因为传统文化说女子无才便是德，女性就不应该接受教育？因为传统士大夫反对西方的"奇技淫巧"，中国人就应该放弃科学回到人拉肩扛的时代？西方的文化沙文主义和儒家的传统文化至上都是一样的傲慢和无知。人类对于美好生活和实现更高价值追求的向往要远远超出对自己无法掌控的文化身份的认同。那么多的欧洲人、中国人移居他国，更多的是为了追求更高的或者最低的价值观的实现。这足以说明价值观认同比文化差异性的认同要强很多。

因此，真正的文化自信是敢于在核心价值领域和他人竞争。自由、平等、公正、法治并不是只有福山所说的一条美国式的道路。中国可以在自由、平等、公正、法治这些价值观的实现方面做得更好，实现得更彻底。这些实质性价值的实现，并不需要遵从欧美国家已经走过的路，完全可以以中国特色的方式实现。中国对世界的贡献，绝不是只有宫保鸡丁和瓷器。中国应该在后发展国家实现普世价值的过程中逐渐用自己实践得更好的普世价值来重新掌握对普世价值的解释权，用自己的行动告诉全世界人民，富强、民主、自由、法治这些价值观同样可以在发展中国家实现，实现这些价值的道路也不是由西方垄断的。中国和其他后发国家同样可以通过自己的努力实现这些价值。

最后，让我们用科学的角度来理解合作价值观对于全人类的重要性。人类自从以小群体合作的方式跃升为生物圈顶级猎手物种以来，也以合作的方式极大地改变了缓慢变化的地球环境。全球变暖的气候环境有可能导致人类重蹈 6500 万年前恐龙的命运。而唯一的解决方式只有全球合作控制温室气体排放。即使气候环境不发生致命变化，如果人类的科学技术停滞不前，50 亿年后，地球也将被太阳毁灭。而在此之前，地球有可能每隔 2000 多万年就遭遇一次大规模的物种灭绝。在残酷的宇宙和并不在乎人类生死的地球母亲面前，人类目前的合作程度还远远没有达到可以逃避灭顶之灾的要求。地球是人类的摇篮，但人类为了生存必须走出摇篮。人类的未来只能是星辰大海，人类只有合作才能征服星辰大海。

图书在版编目(CIP)数据

何为良法?:法律价值观元理论研究/李锦辉著
.—上海:上海三联书店,2023.9
ISBN 978 - 7 - 5426 - 8131 - 7

Ⅰ.①何…　Ⅱ.①李…　Ⅲ.①法律-文化研究-中国
Ⅳ.①D920.4

中国国家版本馆 CIP 数据核字(2023)第 107841 号

何为良法？ 法律价值观元理论研究

著　　者 / 李锦辉

责任编辑 / 殷亚平
装帧设计 / 徐　徐
监　　制 / 姚　军
责任校对 / 王凌霄

出版发行 / 上海三联书店
　　　　　 (200030)中国上海市漕溪北路 331 号 A 座 6 楼
邮　　箱 / sdxsanlian@sina.com
邮购电话 / 021 - 22895540
印　　刷 / 上海普顺印刷包装有限公司

版　　次 / 2023 年 9 月第 1 版
印　　次 / 2023 年 9 月第 1 次印刷
开　　本 / 640 mm × 960 mm　1/16
字　　数 / 150 千字
印　　张 / 14
书　　号 / ISBN 978 - 7 - 5426 - 8131 - 7/D·590
定　　价 / 68.00 元

敬启读者,如发现本书有印装质量问题,请与印刷厂联系 021 - 36522998